Virtudes para um outro mundo possível

Vol. II

Dados Internacionais de Catalogação na Publicação (CIP)
(Câmara Brasileira do Livro, SP, Brasil)

Boff, Leonardo

Virtudes para um outro mundo possível, vol. II : convivência, respeito, tolerância / Leonardo Boff. – Petrópolis, RJ : Vozes, 2006.

ISBN 85.326.3280-7
ISBN 978-85-326-3280-7

1. Convivência 2. Respeito 3. Tolerância 4. Virtudes I. Título.

05-9100 CDD-302

Índices para catálogo sistemático:

1. Convivência : Interação social : Sociologia 302
2. Respeito : Interação social : Sociologia 302
3. Tolerância : Interação social : Sociologia 302

Leonardo Boff

Virtudes para um outro mundo possível Vol. II

Convivência, respeito e tolerância

VOZES

Caixa Postal 92.144 – Itaipava
25750-970 Petrópolis, RJ

Direitos de publicação em língua portuguesa:
Editora Vozes Ltda.
Rua Frei Luís, 100
25689-900 Petrópolis, RJ
Internet: http://www.vozes.com.br
Brasil

Editoração: Fernando Sergio Olivetti da Rocha
Projeto gráfico: AG.SR Desenv. Gráfico

Designer de capa: Adriana Miranda
www.riomultimidia.com.br

Assessoria Jurídica e Agenciamento Literário:
Cristiano Monteiro de Miranda
(21) 9385-5335
crismiran@terra.com.br

ISBN 85.326.3280-7
ISBN 978-85-326-3280-7

Este livro foi composto e impresso pela Editora Vozes Ltda.

Sumário

Prefácio

Este é o segundo volume da série sobre *As virtudes para um outro mundo possível*, intitulado: *Convivência, respeito e tolerância*.

O respeito e a tolerância estão, na verdade, contidos na virtude da convivência, categoria central da fase planetária da humanidade. Mas como contém matérias amplas e complexas, resolvemos dar a cada uma a forma de capítulo.

Seguiremos o mesmo método usado no primeiro livro sobre a hospitalidade. Introduziremos a matéria servindo-nos de alguma narrativa derivada da inteligência emocional. Dessa maneira o leitor e a leitora podem apreender mais facilmente a virtude antes de alcançar o limite de seu conceito. Uma vez construído, este conceito servirá de instrumento para uma compreensão mais adequada e profunda dessas virtudes e de suas articulações com outras dimensões da existência humana no horizonte do processo de globalização. A compreensão das virtudes, no entanto, não se basta a si mesma. Ela se ordena à vida virtuosa, pois é isso o que realmente conta.

Estamos convencidos de que a crise, própria da passagem de um paradigma a outro, só encontrará um desfecho satisfatório se conseguirmos inaugurar uma ética mínima que seja inteligível pelo maior número possível de pessoas e que possa ser imediatamente posta em prática.

Não temos muito tempo. Como adverte a *Carta da Terra*, "as bases da segurança global estão ameaçadas; essas tendências são perigosas mas não inevitáveis". A Casa Comum (*ethos* em grego) precisa de uma ética que mantenha a família humana integrada, afaste os riscos de uma eventual devastação da vida e garanta para ambas um futuro de esperança. Daí a importância das virtudes da hospitalidade, da convivência, do respeito, da tolerância e da comensalidade.

Estas virtudes são fundamentais para uma visão compartilhada de valores básicos que darão sustentabilidade ao novo ensaio civilizatório, agora que o nosso destino e o destino da Terra foram entregues à nossa responsabilidade e aos nossos cuidados.

Petrópolis, 1º de janeiro de 2006

< I >

A Convivência

A hospitalidade abre a porta e acolhe. A convivência permite sentar juntos, coexistir e intercambiar. Uma é tão importante quanto a outra, pois se prolongam e se completam.

Normalmente a hospitalidade é por um tempo determinado. Ninguém fica permanentemente hóspede de alguém. Caso fique, como é o caso de perseguidos políticos e imigrados por razões econômicas ou étnicas, passa a se incorporar à sociedade para a qual imigrou. Surge então a convivência, como situação permanente ou de longa duração.

De qualquer forma, a convivência exige ser bem entendida para que revele toda a riqueza que esconde. Vamos por isso nos submeter a considerável esforço teórico para explicar adequadamente a convivência e diferenciá-la de outras formas de estar juntos.

A convivência suscita instigantes problemas:

• Por que conviver?

• Como conviver?

Antes de abordarmos estas questões, seguindo o método que escolhemos, vamos relatar uma experiência de convivência, das mais notáveis da história da etnologia e da antropologia cultural. Ela ocorreu no Brasil e sua significação ultrapassa os limites de nosso país.

1. Convivência: as parteiras de um povo

Somos confrontados com um encontro todo especial entre a fé cristã e uma determinada cultura indígena. Normalmente, a propagação do cristianismo é feita pelas várias Igrejas através do anúncio da mensagem de Jesus, recolhida em quatro livros chamados evangelhos. Esse anúncio é feito sempre a partir de um certo tipo de cultura e a partir de modelos de Igreja já instituídos.

Há o modelo católico de evangelização que visa a implantação da Igreja com dioceses, paróquias, comunidades, catequese, sacramentos, festas litúrgicas, centros de formação de quadros, instituições de caridade, hospitais e escolas, todos assumindo uma referência comum na figura do papa em Roma, que garante a unidade de doutrina e de organização.

Há o modelo das igrejas evangélicas (luterana, presbiteriana, batista e outras) que criam, onde se implantam, comunidades cristãs com suas celebrações, instituições assistenciais, suas escolas, ligadas a comunidades-mãe nos países de origem, mas com sua relativa autonomia. E há ainda outros que não cabe aqui referir.

Todos esses modelos representam poder e facilmente se aliam a outros poderes políticos e sociais para facilitar a implantação da fé cristã. Assim, durante a era colonial, na América Latina, na África e na Ásia, o trono e o altar, o colonizador e o missionário assumiam um único projeto e juntos montavam a nova ordem, política e religiosa. Imperava o evangelho do poder ao invés do poder do evangelho. Esta estratégia de evangelizar a partir de uma posição de poder foi dominante por séculos e predomina ainda nas estratégias do governo central da Igreja Católica no Vaticano e de certo modo também nas outras grandes Igrejas históricas. Trata-se de uma visão imperial da missão, pois o objetivo é incorporar os novos cristãos à história dos cristãos dos países centrais onde por primeiro penetrou o cristianismo.

Esta estratégia, embora dominante, nunca foi a única. Surgiram figuras de missionários que mostravam sensibilidade para com as diferenças culturais. Ensaiaram um outro caminho para a missão, significativa até os dias de hoje, pois representam um outro paradigma distante do poder. Assim emergiram as figuras de São Francisco de Assis no século XIII com referência aos muçulmanos e Bartolomé de las Casas no século XVI em relação com os indígenas das culturas mesoamericanas. Eles se aproximaram dos outros, diferentes em raça, língua e religião, mediante uma convivência pacífica, fraterna e amorosa. Tentaram proclamar o evangelho sem o aparato do poder, apenas com o amor, o diálogo, o encontro, a inserção e o exemplo de vida.

Nos nossos tempos esse método foi ressuscitado pelo Irmão Charles de Foucauld (1858-1916), um sacerdote francês, profundamente espiritual, que nos inícios do século XX foi conviver com os muçulmanos no deserto da Algéria. Seu propósito não era anunciar explicitamente o evangelho mas simplesmente partilhar a vida com eles e acolher a diferença de sua cultura e de sua religião, dentro do espírito de Jesus que vê a todos como irmãos e irmãs visitados pela graça divina. A experiência foi interrompida quando, por desavenças internas dos muçulmanos, o Irmãozinho Charles acabou sendo assassinado. Ficou sua inspiração e seu exemplo.

Esta inspiração foi assumida exemplarmente pelas Irmãzinhas de Jesus, seguidoras do Irmão Charles. A sua Algéria foi o noroeste do Mato Grosso, próximo ao rio Araguaia, onde agonizavam os índios da nação tapirapé.

Em outubro de 1952 as Irmãzinhas souberam através dos frades dominicanos franceses, missionários em terras do Araguaia, que os tapirapé estavam em extinção. Dos 1.500 de antigamente foram reduzidos a 47 por causa de incursões dos caiapó, seus históricos inimigos, das enfermidades dos brancos e da falta de mulheres. No espírito do Irmão Charles, de ir à missão para conviver e não para converter, as Irmãzinhas decidiram compartilhar a agonia daquele povo.

À sua chegada, a Irmãzinha Genoveva, pioneira e ainda viva entre eles, ouviu do cacique Marcos: "Os tapirapé vão desaparecer. Os brancos vão acabar conosco. Terra vale, caça vale, peixe vale. Só índio não vale nada". Eles haviam internalizado que não valiam mesmo nada e que estavam condenados inexoravelmente a desaparecer. E haviam aceito, resignadamente, seu trágico fim.

Diante dessa tragédia iminente, as Irmãzinhas decidiram pedir humildemente hospedagem, para simplesmente conviver com eles e, quem sabe, mudar esse destino fatal. Sem relutância foram recebidas. No início, ao invés de morar dentro da taba, as Irmãzinhas foram morar perto, numa choupana, onde armaram em um canto sua capelinha. Começaram a viver o evangelho da fraternidade com os índios, na roça, na luta pela mandioca de cada dia, no aprendizado da língua e no incentivo à sua cultura e costumes, incluindo a religião tapirapé. Foi um percurso solidário e sem retorno.

Com o tempo, conquistada a confiança, foram incorporadas como membros da tribo. Embora diferentes, fizeram-se iguais a eles por opção e pela convivência. E assim são tratadas até hoje.

A auto-estima dos tapirapé lentamente voltou. Graças à mediação das Irmãzinhas, conseguiram que mulheres karajá se casassem com homens tapirapé e assim garantissem a multiplicação do povo. De 47 passaram nos dias atuais (em 2005) a mais de 500 (cf. *Irmãzinhas de Jesus*, 2002).

Em 50 anos elas não converteram sequer um membro da tribo. Conseguiram muito mais: fizeram-se parteiras de um povo, à luz daquele que entendeu sua missão de "trazer vida e vida em abundância" (Jo 10,10).

Em outubro de 2002 coube-me o privilégio de participar da festa dos 50 anos de sua convivência entre os tapirapé, em Santa Terezinha (MS), junto ao rio Araguaia. Também esteve presente o bispo Dom Pedro Casaldáliga, poeta, profeta e defensor dos camponeses explorados e dos indígenas, que sempre as acompanhou e as animou nesta convivência.

Naquela ocasião, ao me deparar com os rostos de uma típica índia tapirapé e da Irmãzinha Genoveva, notei: se esta tivesse tingido de tucum seus cabelos brancos, seria tida por uma perfeita mulher tapirapé. A convivência deu-lhe a semelhança física porque assumiu a alma da cultura tapirapé. Realizou, de fato, a profecia da fundadora da Congregação quando as enviou para conviverem com os índios: "As Irmãzinhas hão de se fazer tapirapé, para daqui irem aos outros e amá-los, mas serão sempre tapirapé".

Eis um exemplo de convivência e de vivência do evangelho sem qualquer vinculação com o poder, seja da palavra, seja da razão, seja da teologia, seja da Igreja ou de qualquer outra instância de poder cultural, social ou político. Este é um exemplo inspirador de atitudes para a humanidade, caso queira estar à altura dos desafios que advêm da fase planetária da condição humana.

2. Como conviver com os diferentes mais diferentes?

Seguindo nosso método de no início apresentar alguma narrativa, metáfora ou mito, para ilustrar a convivência, queremos aproveitar uma bela parábola de Jesus de Nazaré que nos mostra, concretamente, como devemos tratar os diferentes mais diferentes e distantes de nós. É a conhecida Parábola do Bom Samaritano. Para entendê-la adequadamente vamos situá-la em seu contexto histórico.

A terra de Israel politicamente englobava dois reinos: o do Norte e o do Sul. Como informam os livros do Primeiro Testamento, chamado tradicionalmente de Antigo Testamento, Samaria era a capital do Reino do Norte e Jerusalém do Reino do Sul.

Em razão de conflitos que não cabe aqui analisar, os dois reinos se separaram. Samaria, a capital, era composta por dez das doze tribos de Israel. Porém, fora conquistada em 722 a.C. pelos assírios. Trinta mil samaritanos foram deportados e em seu lugar vieram estrangeiros de várias procedências. Em pouco tempo surgiu um povo miscigenado.

Tal fato fez surgir doloroso preconceito contra os samaritanos por parte dos judeus, especialmente dos habitantes de Jerusalém, zelosos pela pureza de raça e de religião. Por causa disso, entre judeus e samaritanos reinavam notórias hostilidades (cf. Jo 4,9; 8,48).

O preconceito ficou ainda maior quando os samaritanos decidiram acolher apenas o livro do Pentateuco, os cinco primeiros livros da Bíblia, e rejeitar todos os demais, como os dos profetas e dos sábios. E ainda construíram seu próprio templo no monte Garizim que rivalizava em importância com o templo oficial dos judeus em Jerusalém (Jo 4,20).

Essa foi a situação encontrada por Jesus. Ele, entretanto, não comungava com os preconceitos vigentes entre judeus e samaritanos. Tanto assim que, embora fosse escandaloso para os costumes da época, conversou a sós com uma mulher samaritana junto à fonte de Jacó (Jo 4,4-48), curou dez leprosos samaritanos (Lc 17,16) e, principalmente, contou uma estória de um anônimo samaritano que, encontrando uma vítima de assalto, se encheu de compaixão e cuidado e a socorreu sem qualquer discriminação.

Jesus fez desse gesto do bom samaritano critério decisivo para saber como deve ser a verdadeira atitude diante do outro, sobretudo quando este outro é mais distante de nós, aqui, no caso, um necessitado. Na linguagem da Bíblia esta é a definição de quem é o nosso próximo (Lc 10,30-38). Portanto, trata-se de como conviver com o próximo, em especial com aqueles que sofrem e padecem necessidade.

Façamos a exegese desta parábola, pois nos ajudará a aprofundar o tema da convivência com o outro e com o diferente por motivos étnicos e religiosos. Ela é contada pelo evangelista São Lucas (10,30-38). Vejamos seu contexto.

a) A estória do bom samaritano

– Mestre, que devo fazer para alcançar a vida eterna? Um interlocutor colocou a Jesus esta questão, seguramente a mais fundamental para pessoas religiosas. Quem não quer garantir para si a eternidade da vida?

E Jesus, ao invés de responder, devolveu a pergunta:

– O que está escrito na Lei? O que se lê nela?

O interlocutor prontamente respondeu:

– Amarás o Senhor teu Deus de todo o coração, com toda a alma e com todas as forças e com toda mente e o próximo como a ti mesmo.

Ao que o Senhor disse:

– Respondeste bem, faze isso e viverás.

Para sair do constrangimento, o interlocutor continuou:

– E quem é o meu próximo?

Jesus, ao invés de dar uma explicação teórica nem sempre convincente, narra uma estória, a do bom samaritano. Como em toda estória, se conta, se explica e se revela com emoção e paixão o sentido da narrativa. Ela se equipara em beleza e suspense ao mito de Filêmon e Báucis contado no primeiro volume sobre a hospitalidade.

Vejamos a narrativa com todos os seus detalhes (Lc 10,30-38).

"Descia um homem de Jerusalém a Jericó. Pelo caminho caiu nas mãos de assaltantes. Estes, depois de lhe tirarem tudo e de o espancarem, foram embora, deixando-o quase morto.

Por acaso, desceu pelo mesmo caminho um sacerdote. Vendo-o, desviou-se dele.

Do mesmo modo, um levita, passando por aquele lugar, também o viu e passou adiante.

Mas um samaritano, que estava de viagem, chegou até ele. Quando o viu, sentiu compaixão. Aproximou-se, tratou das feridas, derramando nelas azeite e vinho. Depois colocou-o em cima de sua própria montaria, conduziu-o à hospedaria próxima e cuidou dele.

Pela manhã, tirando do bolso duas moedas de prata, deu-as ao hospedeiro e disse-lhe: "Cuida dele e o que gastares a mais, na volta te pagarei".

"Quem destes três te parece ter-se tornado o próximo daquele que caiu em poder dos assaltantes"?, perguntou Jesus. O interlocutor respondeu: "Quem usou de misericórdia para com ele".

Então Jesus sentenciou: "Vai e faze tu o mesmo".

Expliquemos o sentido desta estória. Que atitude assumir diante de um despojado num assalto, espancado e deixado quase morto?

b) Convivência: aproximar-se, ver, compadecer-se e cuidar

A primeira atitude que identificamos é de total descaso. O sacerdote e o levita vêem o outro em sua necessidade, mas não lhe dão a mínima importância. Passam ao largo, totalmente insensíveis.

O sacerdote descende da família sacerdotal de Sadoc, pertence ao clero oficial, é ministro do culto e mestre nas doutrinas que ensina aos demais. Bem sabe, a partir de toda a tradição judaica, especialmente profética, que o verdadeiro culto que agrada a Deus é socorrer o pobre, a viúva, o órfão e o necessitado mais do que oferecer bois e ovelhas, incensos e preces (cf. Is 1,10-17). Mas essa sabedoria não o ajudou. Não socorre o caído na estrada. Talvez tenha algum álibi: deverá participar de uma celebração solene no templo e não pode chegar atrasado.

O levita, da antiga família sacerdotal de Levi, pertence ao baixo clero: serve no templo, cuida das alfaias, limpa os espaços sagrados e ajuda nos sacrifícios de bois, carneiros e aves. Ele também viu o "despojado, espancado e quase morto", mas não se deixou comover. Seguramente, possuía, ele também, seu álibi: há muitas tarefas no templo a serem feitas, armar o altar e limpar o chão do sangue das vítimas oferecidas. Quem sabe, esteja também atrasado. Não há tempo a perder. E deixa para trás o caído na estrada.

Ambos os membros do povo escolhido, da linhagem sacerdotal, não se fizeram próximos do outro. Porque não se aproximaram dele e negaram-se a um mínimo de convivência com ele.

A segunda atitude é de quem vê, comove-se e muda todos os seus planos. Mostra hospitalidade e cuidado. É o que faz o samaritano, um judeu amestiçado e tido por herege, com quem não se deve ter contato. Portanto, a virtude vem daquele de quem, segundo os cânones da época, não se poderia esperar nada de bom, pois está fora da lei divina.

Que faz ele? A narrativa é detalhista.

Ele está de viagem. Face ao "despojado, espancado e quase morto" suspende a viagem e pára. Não inventa nenhum álibi de que está atrasado, de que pode também correr risco de ser assaltado por ladrões. Deixa para trás condicionalidades compreensíveis ou qualquer consideração "prudencial" e se concentra totalmente no outro. Supera toda distância, pois "aproxima-se dele". Esquece de si e de sua viagem e "vê" o outro. Não vê friamente, como um jornalista, que, em nome de sua profissão, deve ver objetivamente com sua câmara fotográfica e depois relatar fielmente o que viu. O samaritano vê com os olhos do coração. Por isso enche-se de "com-paixão".

Segundo a tradição budista que tão bem viveu e explicou essa atitude, a com-paixão implica dois momentos. O primeiro momento é de *despojamento.* O despojamento envolve o esquecimento de si mesmo e dos próprios interesses para concentrar-se totalmente no outro. Importa "ver" o outro como outro e não como prolongamento de si mesmo ou do círculo do seu eu.

O segundo momento é de *cuidado.* O cuidado se expressa pela saída de si em direção ao outro e se traduz em solidariedade, em serviço e em hospitalidade para com o outro. Com-paixão comporta assumir a mesma "paixão" do outro. Vale dizer, sofrer com quem sofre. Mas também alegrar-se com quem se alegra. Implica co-mungar, caminhar juntos, con-viver, oferecendo-se mutuamente o ombro e dando-se as mãos.

O texto é enfático: o samaritano "aproximou-se" do outro mais outro, porque "despojado, espancado e quase morto". Ele não perguntou como o interlocutor de Jesus: quem é o *meu* próximo? O próximo não é uma realidade dada e definida uma vez por todas, como por exemplo é o membro de minha família, um habitante de minha cidade ou o fiel da minha religião ou o colega de minha profissão. O próximo é um outro qualquer do qual me aproximo.

Então, ficam invalidadas as boas razões para permanecermos no interior de nosso próprio mundo sofismando: "há tantas coisas "importantes" a fazer, outras tantas a recuperar, não tenho tempo a perder", "há risco se ajudar". Esse que pensa assim não compreendeu ainda a força criativa do amor e da compaixão, capaz de superar preconceitos, interesses e medos. Os outros continuam outros, sozinhos e desamparados, sucumbindo às suas dores, caídos à beira da estrada.

Mas o samaritano, sim, este "aproximou-se". Dependeu dele fazer do outro um próximo. Próximo é aquele de quem me aproximo. Defino-me, incluindo o outro e dando-lhe primazia. Lança-me um desafio, emite um grito lancinante, estende a mão buscando socorro. Quando me dobro sobre o outro, eis que surge o próximo. Como sabemos, a atitude face ao outro faz surgir a ética. O samaritano agiu eticamente, por isso passou à história como "o bom samaritano".

O samaritano vive a proximidade concreta, pois "tratou de suas feridas". Mais ainda, dito na nossa linguagem contemporânea: "colocou-o em seu carro" e levou-o "ao hospital mais próximo", numa palavra, "teve cuidado com ele". Não apenas nesse primeiro momento. Também depois disso, pois deixou uma boa quantia de dinheiro para as despesas e ainda empenhou sua palavra: "o que tiveres gastado a mais, pagarei na minha volta". Foi conseqüente com a convivência mais radical e com a hospitalidade incondicional até o final.

Então Jesus lança a pergunta decisiva:

"Quem se tornou próximo do caído junto da estrada"? Em outras palavras: "Quem se aproximou dele"?

E veio a resposta cristalina:

"Quem usou de misericórdia para com ele".

Essa resposta não precisa ser explicada. Ela é clara por si mesma[1].

Portanto, eu sou responsável por fazer ou não do outro meu próximo. Todo e qualquer penalizado, seja quem for que cruze o meu caminho, este é meu próximo, desde que eu me aproxime dele. Pouco importa sua inscrição religiosa, social e étnica. O importante reside na minha atitude de me aproximar dele, seja quem for. Esse o faço meu próximo.

Essa atitude de abertura e de convivência constitui a marca registrada do cristianismo das origens (talvez tam-

---

1. Para a interpretação exegética da Parábola do Bom Samaritano há vasta literatura. Consideramos relevante, entre outros, os seguintes títulos: Marshall, I. Howard. *The Gospel of Luke*. A Commentary on the Greek Text. Exeter, 1978: 444-450. – Monseleweski, W. *Der barmherzige Samariter*. Eine auslegungsgeschichtliche Untersuchung zu Lukas 10,25-37. Tübingen, 1967. – Sellin, G. Lukas als Gleichniserzähler: die Erzählung vom barmherzigen Samariter, em *Zeitschrift Neutestamentlicher Wissenschaft*, 65 (1974): 166-189; 66 (1975): 19-60. – Eulenstein, R. Und wer ist mein Nächster (Lk 10,25-37), em *Theologie und Glaube*, 67 (1977): 127-145.

bém de outros caminhos espirituais e de instituições da sociedade), antes de se articular com os poderes deste mundo que lhe deram outra feição, presente em grande parte, até os dias de hoje: um cristianismo que inclui e exclui, que traça limites e por isso apresenta características vitimatórias, especialmente no que se refere a questões ligadas ao gênero, à moral familiar e à sexualidade.

Temos em Orígenes (185-254), talvez o gênio teológico maior do cristianismo antigo, um exemplo desta convivência tolerante e pacífica. Viveu em Alexandria, no norte do Egito, e depois em Cesaréia, na Palestina, num ambiente intelectual de grande liberdade, colocando o cristianismo como um movimento espiritual singular mas não fechado sobre si mesmo senão em permanente diálogo com outros caminhos como os neoplatônicos, os aristotélicos e os gnósticos. Por isso não fazia discurso dogmático, de profissão de fé, mas um discurso dialogante e de busca processual da verdade. Acreditava que a verdade revelada possui sua racionalidade singular mas que se articula com a racionalidade de outras fontes de saber e de outros caminhos espirituais, pois finalmente é o Espírito que opera em todos. Por isso, com desenvoltura usava a razão e a argumentação para mostrar a razoabilidade da proposta cristã sem negar a validade das outras. Atraía centenas de pessoas aos seus cursos, mesmo não sendo cristãos. Muitos deles se convertiam, outros não, mas se sentiam edificados. E respeitavam-se reciprocamente. Desse percurso racional e dialógico nasceu a teologia, como caminho razoado para a fé cristã sempre aberto a novas indagações e a novos interlocutores.

A partir do século IV, no entanto, a ortodoxia condena esse estilo de Orígenes por considerá-lo perigoso e até herético. Busca e constrói agora a unidade e a segurança mediante o poder de criar fórmulas dogmáticas que devem ser impostas e cridas por todos e em contraposição às doutrinas de outras religiões ou experiências espirituais. Como isso nem sempre é fácil e viável, o poder religioso costuma usar o poder político e imperial para alcançar seu objetivo. Por sua vez, o poder imperial, já em decadência, se vale do cristianismo para se fortalecer e o declara como religião oficial, impondo, ele mesmo, os dogmas a todos os habitantes do Império. Esta estratégia foi usada explicitamente pelos imperadores Constantino e mais tarde por Justiniano (cf. Fürst, 2002: 26-31). A convivência agora é forçada (o famoso *compelle intrare*, quer dizer, "coagidos a entrar") e se contrapõe à sua natureza que é fruto do respeito pela alteridade e da busca de pontos em comum.

3. O que é a convivência?

Feita esta longa introdução de natureza narrativa sobre a *realidade* da convivência podemos procurar construir agora o *conceito* de convivência. Trata-se de um esforço teórico cujo sentido é fundamentar a prática da convivência.

Há que se entender o conceito de convivência não como uma definição fechada mas como uma visão com contornos claros, visão que significa o resultado final de processos de aproximação e de conhecimento do outro e do diferente. Esse processo supõe várias etapas que nos propomos a descrever.

a) Passos rumo à convivência

Antes de mais nada, o outro representa sempre um desafio, seja pela estranheza que provoca, seja pelo fato de não ser alguém do nosso mundo, um desafio de compreensão e de deciframento.

As perguntas que logo afloram são: De onde vem? Que quer aqui? Por quanto tempo vai ficar aqui? Que fazer com ele? Como abordá-lo? Dá para conviver com ele? Essas perguntas podem parecer odiosas e comprometer o caráter incondicional da hospitalidade e da convivência. Mas elas surgem como que espontaneamente, quando nos confrontamos com o estrangeiro ou o estranho.

Compreender o outro supõe, na medida do possível, a superação da distância que nos separa dele. Trata-se de estabelecer uma ponte entre dois que se consideram mutuamente diferentes. Quando abordamos a hospitalidade consideramos a acolhida, a escuta, o diálogo entre outros passos como formas de compreensão que possuem um lado intelectual e também um lado prático de acercamento. Na medida em que se supera o estranhamento e se afastam os medos, nesta mesma medida se abre uma via de compreensão viva e concreta.

Compreender implica, inevitavelmente, fazer uma representação e uma concepção do outro, processo que tem a ver com conceber. Por sua vez, o conceber envolve sempre os dois, que trocam entre si e interpenetram suas vidas. Desta concepção nasce algo novo, fruto dos dois. A palavra francesa para conhecer, *con-naître*, traduz esse fenômeno da mútua colaboração: conhecer equivale a nascer junto.

Não se nasce junto, entretanto, se prevalecerem os pré-conceitos e os enquadramentos em algum esquema cultural. Eles representam concepções cristalizadas que impedem fazer uma concepção nova que nasce do encontro dos dois. Os pré-conceitos são obstáculos e barreiras ao verdadeiro conhecimento, nem sempre fácil de serem superados. Dizia com ironia Albert Einstein: "É mais fácil desintegrar um átomo do que um preconceito".

Neste sentido possui um valor pedagógico inestimável para as relações entre as pessoas o preceito bíblico: "não te faças nenhuma imagem de Javé". Se for feita alguma imagem, já se perdeu o encontro vivo e surgiu em seu lugar o ídolo. O imperativo bíblico é: "erga-te e abra bem os olhos", "acolha o faminto, o sedento, o migrante e o nu". Assim livramo-nos das imagens e podemos ver o outro como outro e aí acolhê-lo como tal.

Assumida esta atitude, entra-se então na fase da *observação participante e comprometida* que é sempre uma estrada de duas mãos. Um se interessa pelo outro. Apresentam-se mutuamente e acontece a reciprocidade.

Aqui é importante a *língua*. Conhecer a língua de um e de outro é conhecer sua respectiva alma. Num mundo globalizado a manutenção das línguas e o seu aprendizado permite manter viva a própria identidade de um povo e de sua cultura. Cria também as condições para o intercâmbio. Quanto mais línguas se aprendem mais universos se descortinam. Cada língua é uma metafísica, quer dizer, uma interpretação do mundo, do ser humano e de Deus. Haverá sempre uma língua geral, através da qual as pessoas podem encurtar caminhos e realizar o conhecimento participante, mesmo perdendo singularidades só possíveis de ser expressas na própria língua materna. Entretanto, a língua de cada povo é insubstituível e representa uma de suas maiores riquezas.

Além da língua, conhecer implica entender o *universo simbólico* do outro. Grande parte da comunicação é simbólica. Os símbolos são carregados de significações e ressonâncias, nem sempre fáceis de ser captadas, pois conservam e comunicam experiências seminais de um povo. É através dos símbolos que um povo se identifica e confere coesão a si mesmo. Como possuem normalmente um transfundo arquetípico, ligados ao inconsciente coletivo, os símbolos falam por si e para o profundo do outro. Estabelecem uma espécie de comunhão que vai muito além das palavras. Os símbolos falam e fazem pensar. Eles revelam aquilo que está suposto em toda a comunicação entre diferentes: por mais diferentes que sejam pessoas e grupos, há neles um substrato comum. Sem ele seria impossível a comunicação e o entendimento. Esse substrato é a *humanitas*, a humanidade, o fato de sermos todos seres de linguagem, de palavra, de relação, de criatividade e de abertura ao outro e ao mistério do mundo, chamado também de Deus.

Atingido este estágio, realiza-se um passo mais profundo no acercamento: a *aliança* com o outro que de estranho se faz aliado numa causa comum. Trata-se de um nível de *identificação* com o outro, embora ela nunca possa ser plena. Tem início o conhecimento das histórias de um e de outro com suas respectivas belezas, a grandeza de seus heróis, os mestres de seu saber, as festas e o folclore. Surge a empatia (sintonizar com o outro) que deve se transformar em simpatia (identificar-se parcialmente com ele, em todos os elementos possíveis).

Esta simpatia pode e deve evoluir para um amor autêntico. São os olhos do amor que desocultam dimensões escondidas do outro. Então vale o moto da tradição transcultural: amamos os outros não porque são interessantes e belos, ao contrário, são interessantes e belos porque os amamos. Este é o ponto culminante do encontro com o outro e com os outros, o surgimento de uma reciprocidade viva que não conhece limites. Aqui junto com os conceitos e formas comunicativas tão sutilmente estudadas por Jürgen Habermas em seu clássico *Teoria do agir comunicativo* (1987) entra o contexto vital (*Lebenswelt*) no qual vivem as pessoas. Contexto esse que obedece a uma lógica cordial, globalizadora e não apenas racional, incluindo os sentidos de vida, o mundo simbólico, religioso, artístico e lúdico, entre outros. Desembocamos assim na convivência, a experiência mais abrangente de relação para com o outro diferente.

b) O que é mesmo convivência?

A categoria convivência, como estudiosos reconhecem (Sundemeier, 1995: 48), nasceu, curiosamente, no Brasil a partir de dois nichos de experiência.

A primeira está ligada ao pedagogo Paulo Freire (1921-1997), sobretudo com suas obras *Pedagogia do oprimido* e sua

Educação como prática de liberdade e também outros escritos que lhes dão seguimento (como *Pedagogia da esperança* e *Pedagogia da tolerância*). A segunda se remete ao surgimento das Comunidades Eclesiais de Base no Brasil que significaram uma verdadeira eclesiogênese, a reinvenção da Igreja a partir da fé do povo e das bases sociais.

Paulo Freire parte da convicção de que a divisão mestre/aluno não é originária. Originária é a comunidade aprendente, onde todos se relacionam com todos e todos, ao trocarem, aprendem uns com outros. Aprender é muito mais que um ato intelectual de apropriação de saberes acumulados e tradicionados. Aprender é um ato vital, é uma comunhão de vidas, de interesses e de destino, é um jogo de relações pessoais e sociais nas quais todas as dimensões da vida emergem e se articulam entre si, ora em tensão, ora em harmonia, mas sempre dentro de um dinamismo de troca em todas as direções.

Paulo Freire insistia sempre que os analfabetos são analfabetos da escrita mas não da oralidade e do aprendizado da vida. A leitura do mundo, repetia ele, precede a leitura da palavra. Neste horizonte de compreensão surgiu a palavra *convivência*, geradora de vida.

Como a filologia da palavra convivência claramente sugere, trata-se de uma vivência vivida sempre com os outros (con) e jamais sem os outros. Vivência aqui não deve ser tomada, em primeiro lugar, como um dado psicológico, como uma moção da psiqué e da mera subjetividade humana. Ela comporta tudo isso mas vai muito além, pois envolve todo o ser humano em todas as suas dimensões, para além daquela meramente psicológica.

Vivência deriva de conviver e de coexistir. Con-viver e co-existir são modos de ser globalizantes e inclusivos. É conseqüência da vida, tomada em sua plena complexidade, partilhada junto com os outros, coexistindo com eles e participando dinamicamente de suas vidas, de seu sentido de ser, de suas lutas, de suas buscas, de suas derrotas e de suas vitórias. Nessa convivência se dá o aprendizado real como construção coletiva do saber, da visão de mundo, dos valores que orientam a vida e das utopias que mantêm aberto o futuro.

A convivência não apaga ou anula as diferenças. Ao contrário, é a capacidade de acolhê-las, deixá-las ser diferentes e, mesmo assim, *viver com* elas e não *apesar* delas. A convivência só surge a partir da relativização das diferenças em favor dos pontos em comum. Então surge a convergência necessária, base concreta para uma convivência pacífica, embora sempre persistam níveis de tensão por causa das legítimas diferenças.

O segundo nicho a partir de onde emergiu a categoria *convivência* foi a vasta rede de Comunidades Eclesiais de

Base (CEBs), fenômeno típico das Igrejas que fizeram uma opção pelo pobre, por sua cultura e seu mundo. O fenômeno começou no Brasil no final dos anos 50 do século XX e depois difundiu-se um pouco por toda a Igreja.

As CEBs se caracterizam pelo fato de serem comunidades, quer dizer, uma realidade formada de relações imediatas, igualitárias, includentes, solidárias e fraternas. São chamadas de *base* porque, em sua grande maioria, brotam dos estratos mais "baixos" da sociedade e da Igreja, quer dizer, surgem nos contextos populares, dos pobres, dos excluídos, dos trabalhadores de baixos salários, de empregados e subempregados. Para resumir emergem do encontro daqueles que são colocados à margem do processo social dominante. Diz-se também de *base* num sentido eclesial porque partem dos leigos e leigas, daqueles que não são portadores de poder na Igreja, daqueles que formam a massa de fiéis e que são conduzidos e animados pelo clero.

Estes dois nichos, com esta dupla base, conseguiram formar comunidades nas quais fé e vida são vividas em comum. Onde a vida, com seus problemas, alegrias e dramas, é compartilhada e iluminada pela Palavra das Escrituras. A página da vida é confrontada com a página da Bíblia e daí nascem reflexões novas, orações diferentes e, principalmente, são tomadas decisões práticas que buscam a melhoria de vida de todos os participantes.

É a convivência de todos com todos que faz viva e dinâmica a comunidade de base. Como analistas sociais e religiosos bem entenderam, elas podem significar uma verdadeira eclesiogênese, quer dizer, a gênese de um modo novo de ser Igreja, mais horizontal, fraternal, participativa, igualitária, inserida na cultura popular e libertária. Os papéis tradicionais do bispo, do padre e do religioso e da religiosa e mesmo dos teólogos não são dispensados. Ao contrário, são queridos. Mas ao inserirem-se na comunidade assumem uma nova função. Participando da caminhada das comunidades e convivendo com elas, desempenham uma função de animação e de aliados na construção de um modelo menos piramidal e mais comunitário de Igreja, onde a palavra circula no grupo, as celebrações são compartidas e as decisões tomadas coletivamente.

Como se depreende, a convivência pode irromper espontaneamente neste novo modo de se viver a fé cristã através de redes de comunidades que são apoiadas por milhares de pequenos círculos bíblicos e grupos de oração e ação.

Três são as pilastras que dão vida à convivência: a participação, a comunhão e a celebração.

A *participação* de todos é essencial. Deve significar que todos os participantes se sentem sujeitos e responsáveis pela comunidade: distribuem entre si as tarefas seja no nível da palavra, da celebração, dos serviços religiosos e dos trabalhos concretos decididos pela comunidade, geralmente, em articulação com outros grupos de base. A participação implica sempre mútua ajuda nas várias dimensões da vida, geralmente marcada por todo tipo de necessidades. Realizam-se parcerias entre os membros e com outros grupos (grupos de direitos humanos, grupos de saúde, de educação, de mulheres, de ecologia, de sem-terra, sem-teto e sindicatos). Esta participação, novamente, obriga a buscar convergências e a pôr em segundo plano as diferenças, sejam religiosas, ideológicas, de classe, entre outras.

A convivência se aprofunda pela *comunhão* de mentes e corações. Quer dizer, a convivência não resulta apenas de convergências pelo fato de os grupos coexistirem e buscarem pragmaticamente objetivos comuns. Criam-se as possibilidades para que ocorra algo de mais profundo: as pessoas começam a se envolver, a criar laços, a se tornarem amigas e objetivamente se amarem. As mentes e os corações vibram juntos. Constitui-se um elo de coesão que só pode ser bem expresso pela categoria comunhão. Ela inclui dimensões bem concretas de solidariedade, de mútuo apoio e de sentimento de co-pertença que vão além da simples participação. A comunhão faz com que os grupos, embora geograficamente distantes, se sintam na mesma caminhada e na mesma direção, sonhando sonhos afins. Assim indígenas samis (esquimós) do norte da Suécia se sintam em solidariedade com os yanomamis brasileiros e se trocam sinais e símbolos de comunhão na mesma luta e na mesma esperança. O anel preto feito de coco de tucum que muitos bispos e até cardeais, teólogos, leigos, agentes de pastoral, cientistas políticos, antropólogos e outros carregam em seus dedos se transformou em sinal distintivo de uma comunhão pela causa dos oprimidos e excluídos do mundo inteiro (indígenas, negros, mulheres, minorias, discriminados por diferentes razões), por sua libertação e por um mundo novo onde eles possam ser incluídos.

Como se depreende, a convivência além destas dimensões concretas comporta uma inegável ressonância espiritual formando uma verdadeira mística de vida.

Esse sentimento de comunhão que envolve a espiritualidade, o amor e o afeto, geralmente, não entra nas análises sociológicas e políticas de quem maneja categorias da tradição crítica, estruturalista e sistêmica. Estas vêem o funcionamento do sistema mas não têm olhos para perceber os atores concretos, carregados de emoção e de sentido humano, sem os quais o sistema não funcionaria. É nesse âmbito de percepção que ganha relevância o fenômeno da comunhão como a densidade maior da convivência.

A tradição cristã encontrou nos místicos a realização exemplar da convivência como comunhão. Primeiro, porque representa a Última Realidade como a convivência eterna e a comunhão absoluta de três amores, Pai, Filho e Espírito Santo. Em seguida porque vê a trajetória da pessoa em convivência e em comunhão com Deus com tal intimidade que permite uma fusão entre Deus e pessoa, preservadas as identidades das partes. No testemunho do místico São João da Cruz, a convivência e a comunhão significam "a amada (a alma) no Amado transformada".

A tradição budista fala da compaixão (*karunâ*) e da bondade amorosa ou do amor incondicional (*mettâ*), como formas de convivência com o outro, especialmente com aquele que está sozinho e sofre.

Por fim, a convivência mostra sua realidade concreta e força de coesão através da *festa* e da *celebração*. Uma comunidade não vive apenas de lutas e coexistências, mas também de festas e celebrações. Nisso as comunidades são ricas e profundamente criativas.

É condão da festa aparar diferenças, tolerar arestas, colocar em parêntesis, por um momento, os conflitos e fortalecer o sentimento de pertença e de familiaridade.

A festa não é lugar para discussões e elaboração de estratégias e táticas. Deve ser o mundo das excelências, o momento da celebração da vida, das lutas, das vitórias e da pura gratuidade de estar juntos. Como comentava Nietzsche, celebrar e festejar é poder dizer: "sejam bem-vindas todas as coisas".

É nesse momento em que a convivência pode ganhar sua irradiação maior, uma verdadeira aura mágica que potencia o sentido de vida comunitária e reforça as razões de viver junto, de caminhar junto e de junto construir um mundo que valha a pena.

4. Convivência: dimensão psicossocial e cósmica

A convivência que descrevemos acima a partir dos nichos que lhe deram origem, a pedagogia comunitária e as Comunidades Eclesiais de Base, serve de paradigma para uma convivência geral das tribos da Terra, agora forçosamente mais próximas na mesma Casa Comum. Não há outra alternativa: ou aprendemos a conviver e então teremos todos futuro, ou nos ilhamos em nossas diferenças específicas e identidades excludentes e vamos ao encontro do pior. A Hegel se atribui a sentença que muita verdade contém: aprendemos da história que nada aprendemos da história, mas tudo aprendemos do sofrimento.

Não é sábio e prudente termos que aprender do sofrimento numa época em que tantos sofrem demasiadamente e em que todo o acrescimento de sofrimento pode ser um caminho sem retorno para todos. No entanto, seguramente para alguns povos que se consideram superiores, talvez o único caminho que lhes reste seja aprender a partir do sofrimento em sua própria pele. Quem sabe aprenderão por devastações de seu entorno ecológico, por dizimações de suas populações por pandemias ou por outras catástrofes produzidas pela irresponsabilidade deles ou por reações violentas da natureza sistematicamente agredida?

Esta reflexão nos abre para outras dimensões da convivência. Ela não pode ser reduzida a uma visão antropocêntrica, praticamente presente na maioria dos analistas deste fenômeno. O ser humano não existe sem a natureza, sem a comunidade de vida, sem sua inserção no universo com todas as energias que o penetram e também nos perpassam (cf. Abdala, 2002).

Urge inaugurar uma nova convivência com a natureza que a partir do neolítico, há dez mil anos, e mais sistematicamente a partir da era industrial do século XVII até os nossos dias, tem sido explorada, sem respeito de sua alteridade, como mero repositório de recursos hoje em exaustão. Os paradigmas industrialista, da sociedade de conhecimento e da informação, usados para explorar ainda mais a natureza, modificaram nosso cotidiano, facilitaram nossas vidas e nos trouxeram mais longevidade. Porém todos estes benefícios tiverem um custo muito alto, uma taxa de iniqüidade social e ambiental demasiadamente perversa.

Esse modelo não nos poderá mais garantir o futuro. Ele é destrutivo da natureza e das relações entre os povos.

Como tantos analistas dos cenários mundiais há tempos alertam: "Ou mudamos ou pereceremos".

O efeito psicossocial desse drama se revela pela deterioração das expectativas das populações e do simples cidadão de rua. Todos se dão conta de que, de ano para ano, de certa forma, tudo piora: desde os salários, os serviços de saúde e de seguridade social, o transporte, até as religiões, as igrejas e a qualidade geral da vida.

De uma sociedade de exploração devemos passar a uma sociedade de cooperação; de uma sociedade excludente e de auto-afirmação devemos chegar a uma sociedade integrada na sua totalidade; de um modelo de produção à custa da natureza para um modelo de convivência e sinergia com a natureza. O resultado final desta convivência é produzirmos uma geossociedade de sustentação da vida em todas as suas formas.

Os povos devem aprender a conviver entre si e com o planeta Gaia, com os ecossistemas, com seu entorno mais imediato, com as águas, os ares, os solos, as plantas, os animais, os pássaros e, não em último lugar, com o mundo dos microorganismos, bactérias, fungos e vírus, dos quais a vida visível depende. Por isso, tem-se afirmado insistentemente que a democracia deve ser sem fim, deve ser biocracia, sociocósmica e a cidadania não pode ser apenas humana, mas planetária e terrenal.

Da mesma forma, a convivência se estende às dimensões cósmicas, como já o detalhamos no segundo capítulo do livro sobre a hospitalidade. Somos resultado de um processo evolucionário de bilhões de anos. Em nós atuaram e atuam energias que sustentam o cosmos, que sustentam cada célula de nosso corpo e cada vibração de nossa mente e de nosso coração. Conviver com o cosmos é entrar em sintonia sutil com ele, com sua grandeza e complexidade, com sua beleza aterradora e integridade (cf. O'Murchu, 2002). Como os antigos estóicos testemunhavam: *membra sumus corporis magni*, quer dizer, "somos membros de um grande corpo" e somos parte e parcela do cosmos. Até aí pode alcançar nossa convivência.

Devemos conviver ainda com nossas dimensões de sombra: pessoais, grupais e coletivas. Ao lado do *sapiens sapiens* somos também *demens demens*. Carregamos dentro de nós dinamismos de exclusão e de ódio que convivem com as dimensões de inclusão e de amorosidade. Eles sempre coexistem dentro de nós.

Cabe ao trabalho civilizatório de cada povo com sua cultura manter sob controle as sombras, não permitir que os mecanismos de destruição ganhem hegemonia e produzam sua obra de devastação e morte. Importa criar mais e mais espaço para a luz para que ela imponha limites à sombra, embora conscientes de que jamais poderemos espancá-la totalmente. Temos que conviver com nossos demônios, mas também sob a vigilância de nossos anjos benfazejos. Isto significa que sempre haverá tensões e conflitos em toda convivência. Esta nunca é um dado, mas um feito a ser construído continuamente. Esta coletiva não elimina as rupturas mas nos obriga a construir continuamente formas civilizadas e não-violentas de equacionamento.

A paz que daí resulta, como a definiu tão integradoramente a *Carta da Terra*, é "a plenitude que deriva da reta relação para consigo mesmo, para com os outros, para com a natureza, para com outras vidas e para com o Todo maior do qual somos parte".

Por fim, importa conviver com nosso desejo infinito. O ser humano está plantado no planeta Terra e no universo. Mas seu desejo alcança para além desses espaços. Ele se descobre dimensionado para o infinito que interiormente o devora. Esse infinito alimenta seu imaginário para visões cada vez mais amplas e para utopias cada vez mais arrojadas. Por sua natureza o utópico continua utópico, vale dizer, irrealizável. Mas ele nos desinstala, nos coloca sempre a caminho e na versão de Santo Agostinho da condição humana nos faz irrequietos ("*irriquietum est cor nostrum*: irrequieto está nosso coração enquanto não descansar em ti").

Conviver com o fogo interior e com o nosso projeto infinito torna a geossociedade menos dogmática e mais flexível, menos centrada sobre si mesmo e mais aberta para cima e para frente, menos materializada e mais espiritualizada, um espaço humano no qual seja menos difícil o amor e a alegria de viver.

Como as Irmãzinhas de Jesus se tornaram parteiras de um povo, a nação tapirapé, todos nós podemos nos tornar parteiros e parteiras da nova sociedade planetária, a nova Terra sobre a qual paira o arco-íris da benevolência divina e da boa vontade humana.

BIBLIOGRAFIA

Abdalla, M. (2002). *O princípio de cooperação*. Em busca de uma nova racionalidade. São Paulo: Paulus.

Bitterli, U. (1976). Die "*Wilden" und die "Zivilisierten*". *Die europäisch-überseelische Begegnung*. Grundzüge einer Geistes- und Kulturgeschichte der europäisch-überseelischen Begegnung. Munique, Kaiser.

Boff, L. (1974). *Eclesiogênese*. As CEBs reinventam a Igreja. Petrópolis: Vozes.

— (2003). *Ética e eco-espiritualidade*. Campinas: Verus.

— (2004). *Novas fronteiras da Igreja*. Campinas: Verus.

Fuchs, O. (1988). *Die Fremden*. Düsseldorf: Patmos.

Fürst, A. (2002). Identität und Toleranz im frühen Christentum, em *Orientierung*, 66: 26-31.

Habermas, J. (1996). *Die Einbeziehung des Anderen*. Studien zur politischen Theorie. Frankfurt am Main: Suhrkamp.

Illich, I. (1974). *La convivialità*. Milão: Mondadori.

Irmãzinhas de Jesus (2002). *O renascer do povo tapirapé*. Diário das Irmãzinhas de Jesus de Charles de Foucauld, 1952-1953. São Paulo: Salesiana.

Melluci, A. (2001). *A invenção do presente*. Movimentos sociais nas sociedades complexas. Petrópolis: Vozes.

Meyer-Abich, K.M. (1984). *Wege zum Frieden mit der Natur*. Praktische Naturphilosophie für Umweltpolitik. Munique/Viena.

Moura, P.C. (1994). *Construindo o futuro*: o impacto global do novo paradigma. Rio de Janeiro: Mauad.

Müller, M. (1993). *O nascimento de uma civilização global*. São Paulo: Aquariana.

Oliveira, M.A. (1993). *Ética e sociabilidade*. São Paulo: Loyola.

— (2001). *Desafios éticos da globalização*. São Paulo: Paulinas.

O'Murchu, D. (2002). *Evolutionary Faith.* New York: Orbis Books.

Passet, R. & Liberman, P. (2002). *Mondialisation financière et terrorisme.* Paris: Enjeux Planète.

Serres, M. (1991). *O contrato natural.* Rio de Janeiro: Nova Fronteira.

Simmel, G. (1983). O estrangeiro, em Simmel, G. *Sociologia.* São Paulo: Ática, São Paulo: 182-188.

Schoenborn, U. (1986). Gekreuzigt im Leiden der Armen, em *Beiträge zur kontextuellen Theologie in Brasilien*: 41-75.

Suess, P. (1995). Über die Unfähigkeit der Einen, sich der Anderen zu erinnern, em Arens, E. (ed.). *Anerkennung der Anderen.* Freiburg: Herder: 64-94.

Sundermeier, T. (1992). *Den Frenden wahrnehmen.* Gütersloh: Bausteine für eine Xenologie.

— (1995). *Konvivenz und Differenz.* Erlangen: Verlag der Evangelisch-Lutherischen Mission.

— (1999). *Dem Fremden verstehen.* Eine interkulturelle Hermeneutik. Göttingen: Vandenhoeck und Ruprecht.

Touraine, A. (1999). *Poderemos viver juntos*? Iguais e diferentes. Petrópolis: Vozes.

Vieira, L. (2000). *Cidadania e globalização.* Rio de Janeiro: Record.

< II >

O Respeito

Com a hospitalidade e a convivência é indispensável o respeito diante de cada pessoa humana, de outros povos, de suas culturas, tradições e religiões e diante de cada ser. Por mais pontos em comum que sejam identificados e por profunda que seja a convivência sempre sobram arestas, perspectivas e dimensões do outro que ou não entendemos, ou temos dificuldade em acolher ou simplesmente nos causam estranheza e nos desagradam.

É nesse momento que deve vigorar o respeito pela diferença e a tolerância como atitudes imprescindíveis para o estar juntos na mesma Casa Comum.

1. Uma parábola sobre o respeito radical

Vamos dar um exemplo, tirado da comunidade cristã dos primórdios, na qual atuavam ainda os apóstolos, os seguidores mais imediatos de Jesus. Eles aprenderam a lição do mestre e enfatizaram a importância fundamental do respeito.

Sabemos que a cultura judaica ortodoxa não era muito dada ao respeito da diferença e à tolerância religiosa. Ao contrário, era muito rigorosa quando se tratava da relação com estranhos. No tempo de Jesus não se podia estabelecer amizade com quem não fosse judeu. Nem era permitido freqüentar a casa de quem não professasse a religião judaica.

O cristianismo representou uma ruptura face a esse tipo de preconceito que outra coisa não é senão falta de respeito pelo outro. Desde o início ele nasceu universal, portanto, respeitando a todos sem qualquer exceção. São Paulo captou o que estava presente na prática do amor incondicional de Jesus que fazia derrocar todos os muros. Com razão disse: "Deus não faz acepção de pessoas" (Gl 2,6), pois "agora não há mais judeu nem grego, nem homem nem mulher, pois todos são um em Cristo Jesus" (Gl 3,28).

Os próprios discípulos, todos judeus, tiveram que aprender, a duras penas, esta lição. Possuímos um relato surrealista de São Pedro, conservado nos Atos dos Apóstolos (10,9-16), onde irrompe o tema do respeito apoiado pelo céu.

Um oficial romano de nome Cornélio, pessoa religiosa e sensível para com os pobres, mostrara interesse pela mensagem cristã. Dispôs-se a aprofundar a questão. Mandou chamar Pedro para que viesse a sua casa, pois ali queria reunir parentes e amigos íntimos para uma conversa substancial.

Pedro relutou, pois queria respeitar a tradição e não se encontrar com um pagão na casa dele. Ele mesmo confessa: "Bem sabeis que é proibido a um judeu aproximar-se de um estrangeiro ou ir à sua casa" (At 10,28). Enquanto se dilacerava interiormente entre a observância da tradição e a aceitação do convite do militar romano, teve uma como que visão.

O relato diz que Pedro, enquanto estava em oração, "caiu em êxtase". Viu o céu aberto e de lá descia alguma coisa como uma grande toalha sustentada por quatro pontas, baixando sobre a terra. Nela havia toda espécie de quadrúpedes, répteis da terra e aves do céu.

Ouviu uma voz que lhe dizia: "Levanta-te, Pedro, mata e come".

Disse Pedro: "De modo nenhum, Senhor, porque nunca comi coisa alguma impura".

De novo disse a voz: "Não chames de impuro o que Deus purificou".

Isto se repetiu por três vezes. Depois a toalha se recolheu ao céu" (At 10,9-16).

Evidentemente, a toalha aqui se refere ao evangelho e ao próprio cristianismo. Os diversos seres que estão na toalha, todos eles normalmente comestíveis, querem simbolizar os tabus da tradição ritual judaica. Segundo ela, não era permitido comer certas carnes, pois tornavam impuras as pessoas. Esses animais proibidos representam que os cristãos, rompendo a tradição judaica, daí em diante deveriam respeitar e com os quais deveriam entrar em comunhão (o sentido espiritual de comer). Assim, todos são puros, todos vêm de Deus, todos devem conviver sem exclusões. Os cristãos deveriam ser portadores desse universalismo que não aceita a discriminação e a falta de respeito.

Pedro ficou desconcertado com a visão. Mas ligou esta visão "extática" ao convite do oficial romano. Havia aí uma lição a ser apreendida. Efetivamente reconhece: "Deus mostrou-me que nenhum homem deve ser considerado profano ou impuro... Agora reconheço deveras que não há em Deus acepção de pessoas, mas lhe é agradável quem, em qualquer nação, o temer e praticar a justiça" (At 10,28.34-35; cf. Gl 2,6; Dt 10,17)). Numa palavra, o preconceito e o desrespeito não valem diante de Deus. Vale o respeito universal.

Convencido pela visão celeste, Pedro vai à casa do militar romano, estacionado em Cesaréia, cidade importante na Ásia Menor. E na casa dele pôs-se a falar com entusiasmo da gesta de Jesus, de "como ele andou fazendo o bem e curando todos os oprimidos, porque Deus estava com ele" (At 10,38). Pesaroso e alegre ao mesmo tempo, contou como Jesus foi incompreendido, perseguido e crucificado e de como havia ressuscitado. Ele, Pedro, e os demais apóstolos que haviam comido e bebido com ele podiam testemunhar tal fato bem-aventurado. E acrescentou: "todos os que crêem nele, recebem o perdão de seus pecados" (At 10,39-41).

Tais palavras entusiasmaram Cornélio e seu grupo. Enquanto Pedro estava ainda falando, eis que, de repente, o Espírito Santo desceu sobre todos os presentes, judeus e pagãos. Repetiu-se o mesmo fenômeno do dia de Pentecostes, quando o Espírito baixou sobre a comunidade dos apóstolos e sobre os representantes de vários povos aí presentes (medos, partas, romanos etc.). E "todos começaram a falar em línguas" (At 2,1-13). Aqui também falaram em línguas e glorificaram a Deus.

Pedro ficou sumamente perplexo, pois aconteceu fato inusitado: o Espírito Santo desceu sobre pessoas que sequer pertenciam à comunidade cristã, pois nem tinham sido batizadas. No convencimento comum, somente depois da conversão acompanhada do batismo o Espírito era comunicado. Lá mostrou-se a liberalidade de Deus: enviou seu Espírito sobre todos, pagãos e cristãos sem qualquer precondição. Pedro então, com esse aval do céu, a todos batizou e incorporou na comunidade de fé.

Pedro tomou uma decisão corajosa e não sem conseqüências para a nova compreensão do cristianismo como proposta universal, para além de qualquer divisão de religião, raça e *status* social. Tanto assim que, depois, em Jerusalém, foi questionado pelos irmãos que, embora discípulos de Cristo, se aferravam ainda às tradições judaicas de não se imiscuírem com estrangeiros.

Pedro simplesmente corta a conversa com seus contendores: "Se Deus dera aos pagãos a mesma graça que a nós, que cremos no Senhor Jesus Cristo, com que direito me oporia eu a Deus"? (At 11,17).

Deus não discrimina, mas a todos respeita. Todos são seus filhos e filhas. Sobre todos derrama seu Espírito de vida. Quem participa desta nova universalidade pelo fato da vinda do Espírito deve receber o sinal de pertença à comunidade. Está habilitado a receber o batismo, sinal oficial da identidade comunitária.

Agora era efetivamente verdade: "em Cristo não há pagão nem judeu, nem homem nem mulher, todos são um em Cristo" (Gl 3,28). Em outras palavras, todos devem ser respeitados e acolhidos.

Desse relato derivam importantes lições para o tema do respeito.

Em primeiro lugar, a busca de um sentido de vida e de uma verdade existencial, como se mostrou com referência ao militar romano, ganha centralidade fundamental. As religiões estão a serviço dessa busca. Por isso ela deve ser sempre respeitada. Prevalece sobre qualquer religião, preconceito ou tabu.

Em segundo lugar, as religiões existentes, com suas doutrinas e restrições, são esforços de tradução do encontro com Deus e com a verdade existencial. Como tais são criações culturais, sujeitas às mudanças históricas.

Em terceiro lugar, Deus é infalivelmente encontrado lá onde "em qualquer nação houver reverência diante dele e se praticar a justiça" (At 10,35).

Em quarto lugar, o Espírito não pode ser monopolizado por ninguém, por nenhuma religião ou Igreja. Ele se mostra sempre livre face à organização religiosa, às doutrinas, aos ritos e aos interditos. Ele se dá a todos sem discriminação nenhuma, basta que estejam abertos e se encontrem numa busca autêntica. O Espírito entra sempre onde o deixam entrar.

Em quinto lugar, existe a religião do Espírito "que sopra para onde bem entende" (Jo 3,8). Seus adoradores se encontram em qualquer lugar, em qualquer religião e em qualquer templo, pouco importa se em Jerusalém como querem os judeus ou no monte Garizim como desejam os samaritanos, ou no Vaticano como pensam os católicos ou em Moscou como defendem os russos ortodoxos, desde que adorem a Deus-Pai-e-Mãe em espírito e em verdade (cf. Jo 4,23).

Essa compreensão convoca ao respeito, pois cada um e todos os caminhos "em espírito e verdade" são caminhos que levam ao coração de Deus. Daí possuírem um valor intrínseco, merecerem ser reconhecidos, respeitados e positivamente valorizados.

2. O que é o respeito?

Esta narrativa com suas conseqüências práticas nos fornece os elementos para entendermos melhor o que é o respeito. Antes de mais nada, o respeito supõe reconhecer o outro em sua alteridade e perceber seu valor intrínseco.

a) O reconhecimento do outro

Reconhecer o outro como outro: tal atitude representa um desafio imenso para cada pessoa e para as sociedades. O outro, como detalhamos no primeiro livro sobre a hospitalidade, não pode ser reduzido ao outro humano. É todo e qualquer outro, o não-eu, que surge diante de mim.

O primeiro outro, mais imediato, pois estamos imersos nele, é o mundo circundante, a natureza. Na história, muitos foram os tipos de relação com a natureza, uns mais respeitosos e cooperativos, outros mais agressivos e utilitaristas. O certo é que, do momento em que surgiu o *homo habilis* inventando o instrumento, há cerca de 2,3 milhões de anos, começou também a intervenção do ser humano na natureza com a utilização da força e da agressão. Com esta intervenção irrompeu o risco da falta de respeito e da negação da alteridade da natureza. Ou mesmo começou-se a entendê-la e manejá-la tão-somente no código do uso e da utilidade para si, sem considerar o valor que possui independente da utilização humana.

Esse é o vício principal do antropocentrismo vastamente imperante em quase todas as culturas mundiais, exceto nas culturas indígenas. Aí se vive uma profunda comunhão com a comunidade de vida e um respeito sagrado diante de cada ser.

O antropocentrismo pretende fazer-nos crer que todos os seres têm sentido na medida em que se ordenam ao ser humano que pode dispor deles a seu bel-prazer. A isso devemos contrapor o fato de que a grande maioria dos seres vivos existiu antes do aparecimento do ser humano. Quando 99,98% da história da Terra estava concluída, surgiu no cenário da evolução o ser humano. Portanto, a natureza não precisou dele para organizar sua imensa complexidade e biodiversidade. O correto seria ele entender-se em comunhão com a comunidade de vida anterior, como um elo da imensa cadeia da vida, elo singular porque ético e responsável.

O respeito implica reconhecer que os outros são mais velhos que nós e que, com mais razão, merecem existir e coexistir junto conosco. Respeitando-os, impomos limite à nossa autocentração e à nossa prepotência. Esse limite foi, lamentavelmente, quase sempre desrespeitado ao longo da história.

Edward Wilson, conhecido pesquisador da biodiversidade, fazendo um balanço da relação de respeito/desrespeito do ser humano para com a natureza, conclui pesarosamente:

"O ser humano transformou o Éden num matadouro e o Paraíso ocupado num paraíso perdido. Ele, até hoje, vem desempenhando o papel de um assassino planetário, preocupado apenas com sua própria sobrevivência a curto prazo; já sacrificamos boa parte da biosfera; a ética da conservação, na forma de tabu, de totemismo ou de ciência, quase sempre chegou tarde demais" (Wilson, 2002: 121).

Hoje chegamos a um ponto intransponível. Devemos resgatar a atitude de respeito como limite à nossa capacidade de destruição e como condição da preservação da natureza e da nossa sobrevivência.

Depois da natureza, outro mais próximo é o próximo, o ser humano, portador de consciência, de dignidade e um fim em si mesmo. Diante dele devemos parar com reverência e respeito, pois cada um é único no mundo, condensação da evolução e revelação de Deus. Nenhum fim ou propósito cultural ou religioso é superior em dignidade ao ser humano. Ele jamais pode ser usado e degradado a meio, seja como meio de produção, meio para a guerra ou meio para experimentação científica. Com o ser humano culmina o processo de evolução até hoje conhecido. A partir de agora a evolução só se fará com a interação e intervenção do ser humano livre e criador.

Foi pensando nesta eminente dignidade que o Concílio Vaticano II (1962-1965) ensinou belamente: "cada um respeite o próximo como 'outro eu', sem excetuar nenhum, levando em consideração antes de tudo a sua vida e os meios necessários para mantê-la dignamente" (*Gaudium et Spes*, n. 27). Mas ainda e com isso se alarga o espaço do respeito: "O respeito deve se estender àqueles que em assuntos sociais, políticos e mesmo religiosos pensam e agem de maneira diferente da nossa" (*Gaudium et Spes*, n. 28).

b) Respeito incondicional à consciência

Há entretanto um próximo, que é o mais íntimo de todos, a consciência pessoal. Aqui tocamos no ponto mais sagrado de cada pessoa humana. Diante da consciência é imperativo o respeito incondicional.

O que é a consciência? É aquela voz interior que sempre nos acompanha, que nunca se cala, que nos aponta o bem e nos desaconselha o mal, que premia com louvor o bem que tivermos feito e que nos castiga com o remorso pelo mal que tivermos praticado. A figura de Caim na Bíblia representa o mal que existe em cada um de nós e que procura fugir, mesmo que ninguém o persiga, pois quer livrar-se do peso da má consciência. Mas ela continua lá, porque para ela não há refúgios, esconderijos, nem segredos. Ela traz tudo à luz. A luz nos alegra ou nos faz cobrir os olhos.

A existência da consciência nos coloca diante de uma instância misteriosa que, embora interior a nós, se mostra acima de nós. Não podemos manipulá-la nem fazê-la calar. Ela simplesmente está lá. Podemos desobedecê-la mas não destruí-la. Cada pessoa sabe, no íntimo de seu coração, o bem e o mal que faz ou deixa de fazer.

Certas estavam as tradições espirituais que viam na consciência a presença viva de Deus conosco, dentro e junto de nós. Por ser assim soberana, a ela se deve respeito, o supremo respeito. "Mesmo quando invencivelmente errônea, ela não perde sua dignidade" e por isso persiste a exigência do respeito (cf. *Gaudium et Spes*, n. 16 e 28, e *Dignitatis Humanae*, n. 2).

Esse respeito vale quando livremente a consciência define sua relação para com Deus e para com as coisas sagradas. Com isso projeta um sentido pessoal e derradeiro à sua curta passagem por este mundo. É o respeito à liberdade religiosa, definida pelo Concílio Vaticano II: "as pessoas humanas devem ser imunes de coação, tanto por parte de pessoas particulares quanto de grupos sociais e de qualquer poder humano, de tal sorte que em assuntos religiosos ninguém seja obrigado a agir contra a sua própria consciência, nem se impeça de agir de acordo com ela, em particular e em público, só ou associado a outrem, dentro dos devidos limites" (*Dignitatis Humanae*, n. 2).

Atualmente não são poucos os que padecem discriminações e perseguições por causa de sua consciência. São Pedro chega a escrever em sua carta: "É graça se alguém por motivos de consciência diante de Deus suporta ofensas injustamente infligidas" (1Pd 2,19). No entanto, estes constrangimentos são e serão sempre ilegítimos.

c) Respeito e laicidade do Estado

Atualmente por causa da inviolabilidade da consciência religiosa exige-se a laicidade do Estado, especialmente no mundo globalizado. Houve épocas em que o Estado assumia como oficial uma determinada confissão religiosa (catolicismo, islamismo, anglicanismo ou outros credos). Membros de outras religiões ou tradições espirituais sofriam certo constrangimento público. Mas com o advento da democracia prevaleceu, em quase todos os países, o caráter laico do Estado. Isto significa que o Estado deixa de ser confessional. Não impõe nenhuma religião como oficial mas respeita todas, mantendo-se imparcial diante de cada uma delas. Essa imparcialidade não significa desconhecer o eventual valor espiritual e ético de uma confissão religiosa, sempre benéfica para o conjunto da sociedade. No entanto, por causa do respeito à consciência dos cidadãos, não privilegia nem opta por nenhuma. Ele é a garantia do pluralismo religioso e do respeito às minorias.

Por causa dessa imparcialidade, em matéria controversa de ética, não é permitido ao Estado laico impor comportamentos derivados dos ditames ou dogmas de uma religião, mesmo que esta seja dominante. O mesmo vale para os funcionários do Estado que são religiosos. Ao entrar no campo político e ao assumir cargos no aparelho de Estado, não se pede a eles que abdiquem de suas convicções religiosas. Pede-se que argumentem e mostrem as suas boas razões em diálogo franco com os outros. O único que se lhes cobra é que não pretendam impor sua visão a todos os demais nem traduzir em leis universais seus próprios pontos de vista particulares. A laicidade obriga a todos a exercerem a razão comunicativa, a superarem os dogmatismos em favor de uma convivência pacífica, a encontrarem pontos de convergência comuns e diante dos conflitos a serem abertos a negociações e a composições.

Subjacente à laicidade há uma visão humanística, base da democracia: o respeito incondicional ao ser humano, o valor de cada vida enquanto tal, independente de sua condição étnica, econômica e social, vida portadora de dignidade e de direitos. Trata-se de uma fé, não em Deus como nas religiões, mas no ser humano em si mesmo.

Esta fé se expressa pelo reconhecimento do legítimo pluralismo das manifestações culturais e religiosas do ser humano e na convivência pacífica entre todos. Não é nem será sempre fácil. Quem está convencido da verdade de sua posição será tentado a divulgá-la e ganhar adeptos. O respeito à consciência e às convicções do ser humano, entretanto, lhe impedirá de impô-las aos outros através de meios massivos ou coercitivos. Isso configuraria confessionalismo e fundamentalismo, vícios da religião.

Vício também é o laicismo. É visão política que, por alguma razão qualquer, visa erradicar as religiões da sociedade para dar espaço apenas a valores seculares e racionais.

Este comportamento desrespeitaria as pessoas religiosas e romperia com o convívio pacífico.

O respeito ao ser humano e a todo ser funda uma ética mínima que deve ser assumida por todos. Caso contrário não há como fazer conviver em paz cidadãos tão diversos e encontrar composições para os conflitos. A própria democracia não se restringe à vitória da maioria, mas implica também a integração adequada da minoria, na proporção que lhe cabe como minoria.

Essa ética mínima pode ser resumida por este princípio da *Carta da Terra*: "respeite e cuide da comunidade de vida com compreensão, com compaixão e com amor". Aqui estão presentes os valores básicos, a ética dos mínimos, que darão sustentação à convivência humana dentro da Casa Comum, o planeta Terra.

Função do Estado laico, portanto, é manter o espaço aberto e o clima de liberdade de expressão para todas as confissões, só interferindo quando se ferirem as leis oficialmente estabelecidas.

Uma Igreja, por exemplo, fere a laicidade quando aconselha ministros de Estado e juízes cristãos de não obedecerem a leis aprovadas legitimamente pelo Parlamento, como é o caso da descriminalização do aborto e da aceitação das uniões civis de homossexuais, entre outros.

A ação política visa a realização do bem comum concretamene possível nos limites de uma determinada situação e a partir de um certo estado de consciência coletivo. Pode ocorrer que, devido às muitas polêmicas, não se consiga alcançar o melhor bem comum concretamente possível. Então é razoável acolher um bem menor ou tolerar um mal menor para evitar um mal maior. Tal atitude deriva do espírito democrático que todos devem alimentar.

Uma sociedade que se pretende ser autenticamente democrática deve assumir a laicidade como dimensão constitutiva. Só pela laicidade se conjugam dois valores fundamentais: o respeito à liberdade de consciência e a igualdade jurídica.

A laicidade eleva todos os cidadãos religiosos a um mesmo patamar de dignidade. Coloca-os para além dos particularismos sem obrigá-los a renunciar a suas singularidades próprias, respeitando assim sua consciência. Ao mesmo tempo faz valer o princípio de igualdade, pois todos são igualmente reconhecidos.

Estas reflexões não se aplicam apenas às religiões, mas também a outros valores e visões de mundo existentes na sociedade laica. O Concílio Vaticano II chama a isso de "legítima autonomia das realidades terrestres" (*Gaudium et Spes*, n. 36). A política, a economia, as ciências possuem valor em si mesmas, derivadas do mistério da criação boa de Deus. Esse valor não depende da fé mas da razão e por isso possui sua consistência e autonomia própria.

Na realidade ocorre que a maioria das sociedades atuais laicas são hegemonizadas pela cultura do capital. Em geral, nessa cultura, prevalecem valores questionáveis como o individualismo, a exaltação da propriedade privada, a magnificação das celebridades do entretenimento, a laxidão dos costumes, a magnificação do prazer, especialmente da erótica. Utilizam-se os meios de comunicação de massa, a maioria deles propriedade privada de alguns donos poderosos para lucrar em cima de tais tendências. Fabricam-se então "novos deuses" ligados ao dinheiro, ao crédito, ao prazer a qualquer custo, expressões litúrgicas dessa "religião laica". Esta cultua o progresso sem limites e exalta a tecnificação de toda vida quando sabemos que tal prática é política e ecologicamente falsa porque implica continuada exploração da natureza e exclusão da maioria das pessoas. Aqui se atenta contra a democracia e o estatuto laico da sociedade.

Mas cabe enfatizar o sentido positivo da laicidade das sociedades modernas e de seus cidadãos. Como dizia *Eugenio Scalfari*, um conhecido intelectual italiano e diretor do importante diário *La Repubblica*: "Os que professam a laicidade não têm, por definição, nem um papa, nem um imperador, nem um rei. Nem bispos, nem bispos-condes. Têm, como senhores de si mesmos, a consciência. O sentido da própria responsabilidade. Os princípios da liberdade, igualdade e fraternidade como pontos cardeais de orientação... Não somos nem relativistas e muito menos indiferentes. Sofremos com o débil, com o pobre, com o excluído... Fazemos próprio o Sermão da Montanha. Queremos a afirmação do bem contra os males, os tantos males que embrutecem o indivíduo em sua própria subsistência elementar, impedindo-lhe que emerja a própria consciência, os próprios direitos e os próprios deveres" (Scalfari, 2004: 4).

d) O valor intrínseco de cada ser

O respeito implica reconhecer valor nos outros seres, sejam vivos ou inertes. Cada ser vale por si mesmo porque existe e, ao existir, expressa algo do Ser e daquela Fonte originária de energia e de virtualidades donde todos os seres provêm e para onde retornam (vácuo quântico). Numa perspectiva religiosa, cada ser expressa o próprio Criador.

A existência é um mistério, fonte inesgotável de admiração e de êxtase. Por que existe o ser e não o nada? Eis uma pergunta que persegue os filósofos desde tempos imemoriais. Ela dá origem à mística, ao encantamento e à contemplação. Ludwig Wittgenstein dizia em seu *Tractatus logico-philosophicus*: "O místico não reside no *como* o mundo é, mas no *fato* de que o mundo seja" (6,44). Diante do místico e do mistério cabe o respeito e a veneração. São os valores dos mais altos da experiência humana. Eles fundam o reino das excelências, daquilo que vale por si mesmo e se impõe de forma irrecusável.

Cada ser, especialmente os vivos, é portador desta excelência, "independentemente da utilização que os humanos fazem deles", como a *Carta da Terra* o expressa claramente. Ao captar os seres como valor, sentimos surgir em nós o sentimento de cuidado e de responsabilidade para com eles para que possam continuar a ser e a co-evoluir.

O respeito e a veneração, o cuidado e a responsabilidade estão presentes, apesar das contradições, em todo o processo de hominização. As culturas mais originárias atestam a veneração face à majestade do universo e o respeito pela natureza e para cada um de seus representantes.

O budismo que não se apresenta como uma fé, mas como uma sabedoria, como um caminho de vida em harmonia com todas as coisas e com o apelo do Todo, ensina a ter um profundo respeito a cada ser, especialmente por aquele que sofre (compaixão). Desenvolveu um caminho de integração com todos os elementos da natureza, os ventos, as águas, os solos e os vários espaços, o famoso *Fung-Shuy* que envolve sempre o respeito e a acolhida generosa.

O hinduísmo, de forma semelhante, vive esta dimensão do respeito e da não-violência (*ahimsa*) como um dos pontos basilares de sua experiência religiosa que encontrou em Gandhi uma de suas expressões modernas mais convincentes.

O cristianismo conhece a figura exemplar de São Francisco de Assis (1181-1226). Seu mais antigo biógrafo, Tomás de Celano (1229), narra: "quem pode imaginar a alegria transbordante de seu espírito ao contemplar a beleza das flores e a variadíssima constituição de sua formosura bem como a percepção da fragrância de seus aromas... Quando encontrava flores, pregava-lhes como se fossem dotadas de inteligência e as convidava a louvar o Senhor. Fazia-o com terníssima e comovedora candura; exortava à gratidão os trigais e os vinhedos, as pedras e as selvas, a planura dos campos e as correntes dos rios, a beleza das hortas, a terra, o fogo, o ar e o vento. Finalmente, dava o doce nome de irmãs e irmãos a todas as criaturas, de quem, por modo maravilhoso e de todos desconhecido, adivinhava os segredos, como quem goza já da liberdade e da glória dos filhos de Deus" (*1Celano*, n. 81-82).

Em conseqüência, continua o mesmo biógrafo, andava com respeito por sobre as pedras em atenção daquele, Cristo, que foi chamado de pedra; recolhia com respeito as lesmas para não serem pisadas; dava água doce às abelhas no inverno para não morrerem de frio e de fome (*2Celano*, n. 165).

Aqui há um outro modo de habitar o mundo: junto com as coisas, convivendo com elas, e não sobre elas, dominando-as.

Arthur Schopenhauer (1788-1860) desenvolveu todo um projeto ético fundado no respeito e na compaixão face a todos os seres do universo.

Extremamente atual é a figura do humanista Albert Schweitzer. Elaborou grandiosa ética do respeito a todo ser e à vida em todas as suas formas. Dada a relevância desta ética para o futuro da Terra e da humanidade convém que forneçamos suas intuições básicas.

3. Uma ética do respeito a todo ser

Albert Schweitzer (1875-1965) era oriundo da Alsácia. Desde cedo apresentou traços de genialidade. Tornou-se famoso exegeta bíblico com vasta obra especialmente sobre questões ligadas à possibilidade ou não de se fazer uma biografia científica de Jesus. Era também exímio organista e concertista das obras de Bach.

Em conseqüência de seus estudos sobre a mensagem de Jesus, especialmente do Sermão da Montanha, com sua centralidade no pobre e no oprimido, resolveu abandonar tudo e estudar medicina. Em 1913 foi para a África como médico em Lambarene, no Congo Belga, exatamente para aquelas regiões que foram dominadas e exploradas furiosamente pelos colonizadores europeus. Diz explicitamente, numa carta, que "o que precisamos não é enviar para lá missionários que queiram converter os africanos, mas pessoas que se disponham a fazer para os pobres o que deve ser feito, caso o Sermão da Montanha e as palavras de Jesus possuam algum valor. Se o cristianismo não realizar isso, perdeu seu sentido. Depois de ter refletido muito, isso ficou claro para mim: minha vida não é nem a ciência nem a arte, mas tornar-me um simples ser humano que, no espírito de Jesus, faz alguma coisa, por pequena que seja" (Schweitzer, 1994: 25-26).

Em seu hospital no interior da floresta tropical, entre um atendimento e outro de doentes, tinha tempo para refletir sobre os destinos da cultura e da humanidade. Considerava a falta de uma ética humanitária como a crise maior da cultura moderna. Dedicou anos no estudo das questões éticas que ganharam corpo em vários livros, sendo o principal deles *O respeito diante da vida* (*Ehrfurcht vor dem Leben*).

Tudo em sua ética gira ao redor do respeito, da veneração, da compaixão, da responsabilidade e do cuidado com todos os seres, especialmente com aqueles que mais sofrem.

Ponto de partida para Schweitzer é o dado primário de nossa existência, a vontade de viver que se expressa: "Eu sou vida que quer viver no meio de vidas que querem viver" (*Wie wir überleben können*: 73). À vontade de poder (*Wille zur Macht*) de Nietszche, Schweitzer contrapõe a vontade de viver (*Wille zum Leben*). E continua: "A idéia-chave do bem consiste em conservar a vida, desenvolvê-la e elevá-la ao seu máximo valor; o mal consiste em destruir a vida, prejudicá-la e impedi-la de se desenvolver. Este é o princípio necessário, universal e absoluto da ética" (*op. cit.*: 52 e 73).

Para Schweitzer, as éticas vigentes são incompletas porque tratam apenas dos comportamentos dos seres humanos face a outros seres humanos e esquecem de incluir todas as formas de vida que se nos apresentam. O respeito que devemos à vida "engloba tudo o que significa amor, doação, compaixão, solidariedade e partilha" (*op. cit.*: 53).

Numa palavra: "a ética é a responsabilidade ilimitada por tudo que existe e vive" (*Wie wir überleben*: 52 e *Was sollen wir tun*: 29).

Como a nossa vida é vida com outras vidas, a ética do respeito à vida deverá ser sempre um com-viver e um consofrer (*miterleben und miterleiden*) com os outros. Numa formulação sucinta afirma: "Tu deves viver convivendo e conservando a vida, este é o maior dos mandamentos na sua forma mais elementar" (*Was sollen wir tun? Op. cit.*: 26).

Daí derivam comportamentos de grande compaixão e cuidado. Interpelando seus ouvintes numa homilia conclama: "Mantenha teus olhos abertos para não perder a ocasião de ser um salvador. Não passe ao largo, inconsciente, do pequeno inseto que se debate na água e corre risco de se afogar. Tome um pauzinho e retire-o da água, enxugue-lhe as asinhas e experimente a maravilha de ter salvo uma vida e a felicidade de ter agido a cargo e em nome do Todo-poderoso. O verme que se perdeu na estrada dura e seca e que não pode fazer o seu buraco, retire-o e coloque-o no meio da grama. 'O que fizerdes a um desses mais pequenos foi a mim que o fizestes'. Esta palavra de Jesus não vale apenas para nós humanos mas também para as mais pequenas das criaturas" (*Was sollen wir tun. Op. cit.*: 55).

A ética do respeito de Albert Schweitzer une inteligência emocional e coração num esforço de tornar a ética um caminho de salvaguarda de todas as coisas e de resgate do valor que elas possuem em si mesmas. O maior inimigo dessa ética é o embotamento da sensibilidade, a inconsciência e a ignorância que fazem perder de vista o dom da existência e a excelência da vida em todas as suas formas. O ser humano é chamado a ser o guardião de cada ser vivo. Ao realizar esta missão, ele alcança o grau maior de sua humanidade.

Concluímos com as observações que fizemos no primeiro volume sobre a hospitalidade: ou vivemos o respeito incondicional a todo ser, especialmente ao ser vivo e em particular ao ser humano, ou então perdemos a base que sustenta o empenho pela dignidade e pelos direitos humanos. Se não respeitarmos todo ser, acabaremos não respeitando o ser humano, homem e mulher, o ser mais complexo e misterioso da criação. Mas também o mais vulnerável, quando pobre, doente e discriminado. Sem o respeito e a veneração perdemos também a memória do Sagrado e do Divino que perpassam o universo e que emergem na consciência humana.

BIBLIOGRAFIA

Bartoly, B. (1998). *Feng-shui e o desvelamento da morada humana*. Um estudo sobre os conceitos de espaço e de natureza na filosofia chinesa. Rio de Janeiro: UERJ.

Boff, L. (1981). *Francisco de Assis: ternura e vigor*. Petrópolis: Vozes.

— (1999). *Saber cuidar: ética do humano – Compaixão pela Terra*. Petrópolis: Vozes.

— (2001). *Princípio do cuidado e da compaixão*. Petrópolis: Vozes.

Colorni, F.M. (2005). Laicità. Un concetto in cerca di senso, em *Confronti*, jan.: 16-20.

Congar, J.-Y. (1979). *Je crois en le Esprit Saint*. 2 vol. Paris: Du Cerf.

Gandhi, M. (1976). *Minha vida e minhas experiências com a verdade.* Rio de Janeiro: Zahar.

Gonzales Faus, J.I. (2005). La dificil laicidad, em *Cuadernos Cristianismo e Justicia*, n. 131. Barcelona.

Jonas, H. (2005). *O princípio vida.* Fundamentos para uma biologia filosófica. Petrópolis: Vozes.

Robinson, J. (1962). *Christian Experience on the Holy Spirit.* Londres.

São Francisco de Assis (1981). *Escritos e biografias.* Petrópolis: Vozes.

Scaccaglia, L. (2004). Siamo tutti laici, em *Adista*, n. 86: 17.

Scalfari, E. (2004). Perché non possiamo non dirci laici, em *Adista*, n. 84: 3-5.

Schweitzer, A. (1960). Kultur und Ethik. Munique: C.H. Beck.

— (1966). *Ehrfurcht vor dem Leben.* Grundtexte aus fünf Jahrhunderten. Munique: C.H. Beck.

— (1986). *Was sollen wir tun?* Heidelberg: Lambert Schneider.

— (1994). *Wie wir überleben können.* Eine Ethik für die Zukunft. Freiburg: Herder.

Wilson, E. (2002). *O futuro da vida.* Rio de Janeiro: Campus.

Wittgenstein, L. (1969). *Schriften I.* Frankfurt: Suhrkamp.

< III >

A Tolerância

A convivência, o respeito e o pluralismo inevitável do encontro das culturas no processo de globalização não abolem conflitos e tensões que ocorrem entre pessoas e grupos. Nem todas as coisas agradam a todo mundo. Nem todas as filosofias de vida e religiões respondem aos anseios das pessoas e das comunidades concretas. Há dimensões culturais de outros povos que não só são diferentes dos de nossa cultura, mas até são opostos, especialmente no que se refere aos hábitos familiares, à relação para com a mulher e às visões de moral sexual.

Como se comportar face a tais diferenças? Na história elas provocaram conflitos e até guerras. Esse caminho nunca trouxe paz e entendimento entre os povos. Antes, deixou o estopim do ressentimento e da vontade de vingança. Hoje se impõe, como nunca antes, o espírito de tolerância. Caso contrário, assistiremos esgarçamentos do tecido da sociedade civil mundial com conseqüências funestas para o convívio e para o respeito necessários.

Como anteriormente, ilustraremos a atitude de tolerância com alguma história ou relato exemplar.

1. Uma parábola acerca da tolerância

Há uma estória de Jesus de Nazaré que mostra a tolerância que devemos alimentar face ao outro, até de nosso inimigo, e, em geral, face ao mal que dilacera a história. Ela nos fornecerá os elementos para uma compreensão mais acurada do que seja a tolerância.

O evangelho de Mateus (13,24-30) nos conservou a seguinte parábola:

"Um homem plantou boa semente em seu campo. Mas, enquanto os empregados dormiam, veio um inimigo, semeou erva daninha entre o trigo e foi embora.

Quando o trigo nasceu e começou a crescer, apareceu também o joio. Os empregados foram ao dono e lhe disseram:

'Senhor, não plantaste semente boa em teu campo? Donde vem, pois, a erva daninha?'

Ele lhes respondeu:

'Isso é coisa do meu inimigo'.

Disseram-lhe os empregados:

'Queres que vamos arrancá-la?'

Ele lhes respondeu:

'Não, para que não suceda que, ao quererdes arrancar o joio, arranqueis com ele também o trigo. Deixai que ambos cresçam até a ceifa. No tempo da colheita direi aos segadores: colhei primeiro a erva daninha e atai em feixes para queimá-la e o trigo recolhei-o ao meu celeiro'".

Embora o sentido da parábola seja evidente em si, Jesus quis ele mesmo explicá-la (Mt 13,36-43).

O campo é o mundo. Quem semeia o trigo é Deus. Quem semeia o joio é o *diá-bolos*. O trigo representa os filhos de Deus e o joio os filhos do Maligno. Eles convivem juntos no mesmo campo até que se faça a colheita. A colheita é o termo da história, quando então o bem e o mal serão separados. O joio, o mal, irá para o fogo e o trigo, o bem, para o celeiro. "Os filhos do Maligno mergulharão no desespero enquanto os filhos de Deus brilharão como o sol". Convém observar que o campo se encontra também dentro de cada pessoa na qual coexiste o bem com o mal.

Resumidamente: nem tudo vale neste mundo. Bem e mal conhecerão destinos diferentes. A vítima não terá a mesma sorte que seu assassino.

2. Caos e cosmos, ordem e desordem se misturam

Esta estória não tem aplicação apenas no nível humano. Representa, na verdade, uma estrutura que atravessa todo o real, do cósmico ao pessoal. Ela se aplica principalmente aos processos vitais e no convívio humano. É neste âmbito que esta dialética revela toda sua dramaticidade.

Na linguagem contemporânea diríamos que o caos originário se compõe com a ordem cósmica e que a sapiência humana irremediavelmente vem acolitada pela demência. São pólos opostos mas pólos de uma mesma e única realidade dinâmica. Estas polaridades não podem ser suprimidas. Todo esforço de supressão termina no terror, seja em nome do trigo, o terror dos que presumem ter a verdade e a impõem aos demais, seja em nome do joio, o terror daqueles que alimentam preconceitos ancestrais e ódios viscerais.

O que na realidade vem junto, bem e mal, joio e trigo, caos e cosmos, não deve o ser humano querer separar pela força. Ele deve saber distinguir um e outro e fazer a sua opção. É então que se revela como um ser ético que se responsabiliza por seus atos e pelas conseqüências que deles se derivam.

Alguém poderia pensar: mas então vale tudo? Não há mais diferença? Não. Não se prega um vale tudo nem se borram as diferenças. Deve-se, sim, fazer distinções. O joio é joio, é erva daninha, não é trigo. O trigo é trigo, bom para a alimentação humana, não é joio. O ser humano não deveria confundi-los e igualá-los. Deve discernir e tomar uma decisão: assumir a perspectiva do joio ou a perspectiva do trigo.

É aqui que entra a tolerância. Pois a tolerância é a capacidade de manter, positivamente, a coexistência difícil e tensa dos dois pólos, sabendo que eles se opõem, mas que compõem a mesma e única realidade dinâmica. São como os dois lados de um mesmo corpo, o esquerdo e o direito. Eles conferem dinamismo à história e à vida de cada pessoa por mais tribulações que possam ocasionar.

A intolerância constitui o risco permanente. Ela reduz a realidade, pois assume um pólo e nega o outro. Coage a todos a terem a mesma atitude. É assim que nasce o fundamentalismo e o dogmatismo. Ao tornarem absoluta uma verdade, se condenam à intolerância e passam a não reconhecer e a respeitar a verdade do outro. Não suportam a coexistência das diferenças e das oposições. O primeiro que fazem é suprimir o pluralismo e impor o pensamento único. O passo seguinte é organizar estratégias de restauração de tradições e doutrinas que lhes interessam. Surge o conservadorismo cuja expressão mais radical se encontra no fundamentalismo. Com o fundamentalismo já se liquidou o diálogo e a escuta do outro e passa-se ao uso da força para reprimir e para impor seus caminhos.

A conseqüência imediata é a ruptura da socialidade. Surge uma generalizada desconfiança com delações, acusações e processos de pureza religiosa ou ideológica. As pessoas perdem o sentimento de pertença e já não sentem o grupo ou a religião como seu lar. Muitos se afastam amargurados e outros emigram definitivamente. Não existe mais o bom humor e a jovialidade, tão importantes para convivência mesmo diante de compromissos sérios.

Os dogmáticos e fundamentalistas são geralmente impacientes além de muito tristes e sem qualquer espírito de leveza, o que lhes impede de relativizar os problemas. Não são de esperar os tempos históricos favoráveis. Querem liquidar logo as pendências no lapso de tempo mais curto possível. Daí o recurso à violência, meio considerado o mais rápido e eficaz. Esta violência com freqüência degenera em guerras religiosas, ideológicas, econômicas e, como alguns sugerem, podem levar a choques de civilizações com conseqüências dramáticas para o futuro da humanidade e do planeta Terra.

Os evangelhos se dão conta de que esta atitude existiu até entre os colaboradores mais próximos de Jesus. Referem ao fato de alguns de seus apóstolos que, não tendo recebido hospitalidade numa aldeia samaritana, clamarem: "Senhor, queres que mandemos descer fogo do céu para consumi-los"? (Lc 9,54). Jesus, no entanto, "os repreendeu" (v. 55). Ele nutria uma tolerância fundamental, à semelhança de seu Pai celeste que "dá o sol a justos e injustos e que ama até os ingratos e maus" (Lc 6,42). Advertiu: "quem não for contra nós é a nosso favor" (Mc 9,40).

Com estas reflexões já dispomos de elementos suficientes para compreender o valor do respeito e da tolerância. Como se trata de um tema extremamente ambíguo, vale o esforço de clarificação.

3. O que é a tolerância

Conceitualmente, há dois tipos de tolerância, uma passiva e outra ativa.

A *tolerância passiva* representa a atitude de quem aceita a coexistência com o outro não porque o deseje, mas porque não o consegue evitar. Sua vontade seria de marginalizá-lo e até excluí-lo. Não o faz por diferentes razões. Ou porque o outro lhe é totalmente indiferente, não vendo nele nenhum valor; ou porque se sente fraco diante dele e evita o confronto; ou, por fim, porque teme reações prejudiciais a si mesmo caso mostre intolerância.

Este tipo de tolerância passiva nasce de três vícios: da indiferença, da pusilanimidade e da comodidade.

• *Indiferença*: Não vê no outro nada que valha a pena ou o possa interessar. Essa atitude o empobrece porque, caso acolhesse a diferença, poderia aprender e crescer com ela. Esta atitude também diminui o outro que se sente de sobra, sem despertar interesse, respeito e amor no outro. Sigmund Freud mostrou que o oposto ao amor não é o ódio, mas a indiferença. A indiferença "mata" psicologicamente o outro. Os diferentes se fazem indiferentes entre si. Esta atitude pode gerar ressentimentos e amarguras, fonte de tensões e de vinganças.

• *Pusilanimidade*: esta atitude surge do acovardamento diante do outro, considerado superior ou mais forte. Teme a relação por suspeitar que deva se submeter a ele, perder a liberdade ou depender dele. A auto-estima e a consciência de que o outro também é um ser humano como ele e por isso um irmão e possível aliado o levaria a estabelecer a relação de diálogo e de troca.

• *Comodidade*: toda relação implica mudanças no modo de ver e de se comportar. Implica sempre um ganho e uma eventual perda. O comodista, satisfeito com sua situação, evita o contato com os outros diferentes para continuar em sua mesmice e não ter que passar por processos de adaptação e mudança. Com isso perde a chance de crescer e de conhecer melhor a si mesmo e os outros ou outras formas de sermos humanos, distintas daquela que vivemos.

Consideremos agora a *tolerância ativa*. Esta consiste na atitude de quem positivamente convive com o outro porque tem respeito por ele e aceita a riqueza multifacetada da realidade. Consegue ver dimensões que sem o diferente jamais veria, entrevê possibilidades de condivisão e parceria e assim de se enriquecer mediante o contacto e a troca.

Há um dado inegável: no universo, no sistema-vida e nas pessoas individuais vigoram sempre diferenças. Ninguém é igual ao outro. Todos têm uma marca que diferencia. Por isso existem os multiversos, segundo a teoria das cordas e supercordas, os universos paralelos. Mesmo dentro do mesmo universo existem as diferentes galáxias, diferentes estrelas e diferentes planetas, formados por diferentes elementos físico-químicos (cerca de cem). Por isso existem milhões de formas de vida. O mesmo e mais profundamente vale para o nível humano. Aqui as diferenças mostram a riqueza da única e mesma humanidade.

As diferenças na natureza são irredutíveis e curiosamente todas elas coexistem e convivem mesmo dentro de tensões e contradições. Existe uma tolerância ativa e criativa como dinamismo cósmico e vital mesmo quando mecanismos caóticos se manifestam e um ser devore o outro, parecendo haver intolerância. Esta é relativa, limitada e dentro da tolerância universal, pois sempre se mantém um equilíbrio dinâmico entre vida e morte, ordem e desordem. Caso contrário tudo se destruiria reciprocamente e não haveria a sinergia, a interdependência de todos com todos, garantindo um futuro comum.

O ser humano se inscreve dentro deste dinamismo, pois ele é parte e parcela do todo. Cabe a ele, essa é a sua singularidade como ser de pensar crítico e de agir ético, assumir este dado objetivo e transformá-lo em projeto subjetivo e consciente. Ele deveria ser tolerante como toda a realidade o é.

No entanto, o ser humano é um ser de liberdade: pode assumir a intolerância como projeto. Tal opção representa algo negativo e assim deve ser considerado. Produz efeitos destrutivos para as diferenças.

Como veremos abaixo, há limites na tolerância, limites esses que não nascem de outro tipo de intolerância, mas do direito de garantir as diferenças e a convivência entre elas.

a) Níveis de realização da tolerância

A tolerância é antes de mais nada uma exigência ética. Ela representa um direito que deve ser reconhecido a cada pessoa. Esse direito foi expresso em todas as tradições humanísticas ao prescreverem: "Não faças ao outro o que não queres que te façam a ti". Ou formulado positivamente: "Faça ao outro o que queres que te façam a ti". Esse preceito ético é de uma clara evidência existencial e dispensa qualquer fundamentação.

O núcleo de verdade contido na tolerância no fundo se resume a isso: cada pessoa tem direito de viver e conviver no planeta Terra. Ela é uma expressão da Terra e tem direito de estar aqui com sua diferença específica. Esse direito antecede qualquer expressão da vida, como as visões de mundo, as crenças, as ideologias, a estética e os gostos. As sociedades devem se organizar de tal maneira que todos possam, por direito, ser incluídos e ter os meios de continuar a existir sobre a Terra.

Em segundo lugar, a tolerância está ligada à própria natureza da verdade. Podemos até conceder que existe uma única verdade. Essa verdade, entretanto, se comunica sob as mais diferentes formas e facetas. Não está dentro das possibilidades humanas captar a verdade sob todos os seus ângulos. Somos limitados no espaço e no tempo, na inteligência, nas palavras e nos outros meios de expressão. Estamos constantemente a caminho de ângulos novos da verdade. Desta forma temos participação maior na verdade. Mas ela mesma não se deixa captar exclusivamente por nenhuma linguagem ou grupo de pessoas. Só Deus tem condições de captar, com um único olhar, a totalidade das manifestações da verdade.

As diferenças constituem os caminhos normais de revelação das diversas dimensões da verdade. Por isso importa ser tolerantes com todos os diferentes. Sem eles, somos menos e participamos menos da verdade. Quem rejeita ou rebaixa ou propositadamente desconhece o outro, se empobrece e se priva de dimensões da verdade que o poderiam fazer mais livre e mais rico.

A verdade é como a luz. Ela não falta a ninguém: ilumina a pedra do caminho, se reflete nas águas, se transfigura nas plantas pela fotossíntese e faz abrir os olhos e a mente à realidade sempre complexa e multifacetada. Como dissemos, só a divindade vê tudo em todos os lados simultaneamente e num único golpe de vista. Apesar desta sua capacidade, a tradição judeo-cristã afirma que a divindade é absolutamente tolerante porque "dá o sol a justos e injustos e ama também os ingratos e maus" (Lc 6,35).

Em terceiro lugar, a tolerância é a virtude axial das sociedades pluralistas e democráticas. O pluralismo é um dado, quer dizer, está aí como um fato que se impõe mesmo naquelas sociedades rigoristas e fundamentalistas. Dentro delas se verificam tendências e como conseqüência a formação de grupos que se diferenciam uns dos outros e destarte quebram a rigidez própria de todo fundamentalismo.

A tolerância é fundamentalmente a virtude que subjaz à democracia como forma de organizar a sociedade e estruturar o governo. Mas principalmente como valor universal a ser vivido em todas as instâncias, fazendo que democracia seja integral. No espírito democrático todos em princípio são cidadãos e sujeitos de direitos porque todos são iguais perante a lei e com a mesma dignidade.

A democracia só funcionará quando houver tolerância com as diferenças partidárias, ideológicas ou outras, todas elas reconhecidas como tais. Junto com tolerância está a vontade de buscar convergências através do debate e da disposição ao compromisso que constitui a forma civilizada e pacífica de equacionar conflitos e oposições.

Todas as proclamações dos direitos humanos partem desta pressuposição: antes de qualquer ulterior determinação e diferenciação seja por etnia, sexo, cor, religião e visão de mundo e mesmo outras como ser criminoso ou cidadão honesto, está o reconhecimento de que todos são igualmente humanos e devem ser tratados humanamente. O criminoso nunca é só criminoso. Ele jamais deixa de ser homem ou mulher com todas as virtualidades escondidas em suas vidas. Em nome da realidade de ser um fim em si mesmo e jamais se exaurir numa única determinação, merece respeito e acolhimento.

Por fim, a tolerância representa uma pedagogia universal. Ela vale reciprocamente para todos os diferentes. Cada diferente dá as boas razões de sua diferença para outro diferente que, por sua vez, também dá as boas razões de sua diferença. O que une ambos é a confiança na razão, capaz de produzir argumentos de persuasão. Persuadir o outro não equivale a derrotá-lo mas fazer com que veja dimensões ocultas que não lhe eram visíveis previamente ao diálogo e ao encontro. E assim reciprocamente. As diferenças continuam diferenças, mas as razões de acolhê-las e de mutuamente se fecundarem se tornaram maiores e mais transparentes.

No Ocidente temos o caso exemplar do franciscano Raimundo Lúlio (1232-1316), que na sua escola de Miramar na Ilha de Maiorca mantinha em permanente diálogo os representantes das três religiões abraâmicas: judeus, cristãos e muçulmanos. Em sua obra *O livro do gentio e os três sábios* (Vozes, 2001) se mostra a plena tolerância das três tradições. Afirma que aquilo que é verdadeiro em cada uma das religiões não pode estar fora da verdade.

Segundo Lúlio, o que é verdadeiro se mostra pelas virtudes que cada uma destas três religiões produz e pelas formas como elas combatem os vícios. Todas estão a serviço da verdade. O dialogar com o outro com intenção reta e com o coração jovial leva a respeitá-lo e a ser tolerante, pois todos são portadores de verdades que refletem a verdade. Então não há por que se inimizar por causa dos diferentes caminhos. Todos eles conduzem, cada qual com seu jeito, ao topo da montanha onde todos encontram Deus.

O que vale para o discurso religioso vale também para as diferentes visões de mundo e os distintos projetos políticos. Todos são expressão de um transfundo comum que é o fato de estarmos sobre a Terra, sermos portadores de consciência, de sentimento, de inteligência e de amor. Todos somos desafiados a encontrar formas de estar juntos na mesma Casa Comum, pois não temos outra para habitar.

b) Os limites da tolerância

Como tudo tem limites, também a tolerância. Nem tudo vale neste mundo. Os profetas de ontem e de hoje sacrificaram suas vidas porque ergueram sua voz e tiveram a coragem de dizer: "não te é permitido fazer isto ou aquilo". Há situações em que a tolerância significa cumplicidade e leniência com o crime, omissão culposa, comodismo ou insensibilidade social e ética. Damos alguns exemplos:

Não devemos ser tolerantes com aqueles que têm em suas mãos o poder de erradicar a vida humana do planeta, de destruir grande parte da biosfera e de fazer regredir o sistema da vida a fases há milhões de anos superadas. Nesse caso, ao contrário de tolerância, o que se impõe é um controle severo e aplicar os acordos internacionais contra a produção de todo tipo de armas de destruição em massa, o que aliás está indicado no estatuto da ONU.

Não devemos ser tolerantes com aqueles que assassinam inocentes, abusam sexualmente de crianças e traficam órgãos humanos. Mesmo mantendo o respeito devido a cada pessoa humana, cabe aqui aplicar com firmeza as leis penais nacionais e internacionais.

Não devemos ser tolerantes com aqueles que comprovadamente escravizam menores visando produzir mais barato para seu próprio benefício. Para combater esse crime existem as leis dos órgãos mundiais de proteção da infância e da adolescência.

Não devemos ser tolerantes com atos terroristas e ações fundamentalistas que em nome de um projeto político e de uma religião se atingem e se matam milhares de inocentes. Nestes casos deve-se acionar os tribunais específicos contra crimes hediondos.

Não devemos ser tolerantes com aqueles que, no afã de lucro, deterioram os meios de vida que causam a morte de milhares de pessoas. Lembramos os laboratórios farmacêuticos que criam e falsificam medicinas prejudiciais à saúde ou políticos que, ao invés de cuidar do bem comum, dilapidam os bens públicos. Aqui as penas previstas nas legislações de cada país são os limites da tolerância.

Não devemos ser tolerantes com as máfias das armas, das drogas e da prostituição que incluem seqüestros, torturas e eliminação física de pessoas. Para esses crimes são previstas punições claras em todos os códigos nacionais e internacionais.

Não devemos ser tolerantes com práticas que, em nome da cultura, cortam as mãos de ladrões e submetem mulheres e crianças a mutilações sexuais. Contra isso valem os direitos humanos e os tribunais penais internacionais.

Nesses níveis e em outros mais, não há que ser tolerantes, mas decididamente firmes, rigorosos e severos. Isso é virtude da justiça e não vício da intolerância. Se não agirmos assim, não teremos princípios e seremos cúmplices com o mal.

A tolerância sem limites liquida com a tolerância, assim como a liberdade sem limites conduz à tirania do mais forte. Tanto a liberdade quanto a tolerância precisam da proteção da lei. Caso contrário assistiremos à ditadura de uma única visão de mundo que nega todas as outras. O resultado é raiva e vontade de vingança, fermento de todos os tipos de intolerância e de terrorismo.

Onde estão os limites da tolerância? Vejo três limites mais imediatos.

O primeiro é o sofrimento do outro. Lá onde pessoas são humilhadas, discriminadas e desumanizadas, aí a tolerância encontra um limite. Ninguém tem o direito de impor sofrimento injustificado ao outro. Citamos aqui como exemplo as tradições, que, embora ancestrais, causam mutilações sexuais às mulheres em algumas nações da África ou representam tratamento discriminatório às mulheres em algumas tradições da cultura árabe e chinesa.

Outro limite é imposto pela *Carta dos Direitos Humanos* da ONU de 1948 subscrita por todas as nações. Todas as culturas e quaisquer diferenças devem confrontar-se com aqueles preceitos e valores, referência comum a todos, sem exceção. Não se podem justificar práticas que implicam a violação da dignidade e humilhação sistemática da pessoa humana. Os direitos humanos só têm sentido se forem realmente universais. Eles fornecem a base para uma cultura comum da humanidade que se obriga a tratar humanamente a todos os humanos.

Em terceiro lugar temos a *Carta da Terra* que zela pela dignidade da Mãe Terra e pelos direitos de todos os ecossistemas com seus respectivos representantes. Aprovada em 2000 pela Unesco este documento, se acolhido pela ONU, será agregado à *Carta dos Direitos Humanos*. Então teremos uma visão mais completa, não apenas antropocêntrica, dos direitos de cada ser e da comunidade de vida. Toda e qualquer agressão à natureza será intolerável e padecerá as sanções previstas: o desmatamento sistemático das florestas tropicais, a contaminação da atmosfera, o envenenamento e a destruição da qualidade de vida das populações humanas, entre outros.

Por fim, cabe a pergunta: poderemos ser tolerantes com os intolerantes? A história tem mostrado que combater a intolerância com outra intolerância leva à espiral da intolerância. E aí não teremos mais saída. A atitude pragmática mostrou que aqui também há limites. Se a intolerância implicar crime e prejuízo manifesto a outros, valem os limites impostos pela lei e pelo direito. Não se deve nunca sacrificar a liberdade de todos por causa dos poucos que a querem ver eliminada.

Em razão dos limites da lei e do direito acima aludidos, devemos ser tolerantes com os intolerantes. Vale, entretanto, a liberdade do intolerante de poder se expressar. Seu limite resulta do confronto com a realidade dos muitos diferentes com quem comparte o espaço vital. Esse confronto, se for sério, necessariamente o levará ao diálogo e o fará pensar sobre as contradições de sua posição. Também para o intolerante vale o preceito universal, referido anteriormente: "não faças ao outro o que não queres que te façam a ti".

Essa dialogação generalizada é uma exigência da fase nova da humanidade planetizada que deve, por todos os meios, tornar possível a convivência pacífica e minimamente livre de conflitos esgarçadores do tecido social.

4. Ser tolerantes face ao fundamentalismo e ao terrorismo?

Esta última reflexão nos obriga a abordar o desafiante problema do fundamentalismo e do terrorismo, preocupações maiores no alvorecer do terceiro milênio.

a) Fundamentalismo: a doença das doutrinas

O nicho do fundamentalismo se encontra historicamente no protestantismo norte-americano do final do século XIX, quando toda a sociedade irrompeu na modernidade não apenas tecnológica, mas também nas formas democráticas de comunicação e na liberalização dos costumes. Neste contexto surgiu forte reação por parte da tradição protestante, fiel aos ideais dos "pais fundadores", todos vindos do rigorismo da ética protestante.

O termo fundamentalismo se prende a uma coleção de livros publicados pela Universidade de Princeton por iniciativa dos presbiterianos que levava como título *Fundamentals, a Testimony of Truth* (1909-1915: "Os fundamentos, o testemunho da verdade"). A coleção propunha um antídoto à modernidade: um cristianismo rigoroso, dogmático, fundado numa leitura literalista da Bíblia, considerada infalível e inerrante em cada uma de suas palavras, por ser Palavra de Deus. Opunha-se a toda interpretação exegético-crítica da Bíblia e à atualização de sua mensagem para os contextos atuais.

Esta tendência fundamentalista, desde então, sempre esteve presente na sociedade e na política norte-americana. Ganhou expressão religiosa nas chamadas "Electronic Church", aquelas igrejas que se valem dos modernos meios televisivos de comunicação e cobrem o país de costa a costa. Elas combatem os cristãos liberais, os que praticam uma interpretação científica da Bíblia e aceitam os movimentos modernos das feministas, dos homossexuais, dos que defendem a descriminalização do aborto. Tudo isso é interpretado como obra de Satanás. Sua expressão política se enraizou especialmente no partido republicano, nomeadamente no Presidente George W. Bush, outrora dependente de álcool e depois convertido ao evangelismo.

A vertente política assimilou a religiosa unindo-a à ideologia do "destino manifesto". Esta ideologia foi criada nos Estados Unidos após a incorporação de territórios do México e proclama que os norte-americanos têm o destino divino de levar a todos os povos o esclarecimento, os valores da propriedade privada, da democracia, do livre mercado e dos direitos humanos como o afirmou o segundo presidente dos Estados Unidos, John Adams. Eles se consideram "o novo povo escolhido" destinado a levar todos à "Terra de Emanuel, sede daquele Reino novo e singular, que será concedido aos Santos do Altíssimo" (cf. C. Longley; K. Armstrong, 2001). Esse amálgama religioso-político tem dado origem à arrogância e ao unilateralismo que os governos norte-americanos têm mostrado nas relações internacionais. Pelo fato de se sentirem escolhidos por Deus não há por que darem atenção a um organismo mundial como a ONU ou aterem-se aos tratados internacionais. A legitimação de suas políticas, pensam eles, vem dos céus e não das leis humanas.

O que é o fundamentalismo? Não é uma doutrina, mas uma atitude e uma forma de se entender e de se viver a doutrina. A atitude fundamentalista surge quando a própria verdade é entendida como absoluta e a única legítima com a exclusão de todas as outras, tidas como errôneas e por isso destituídas do direito de existir. Quem acredita que o seu ponto de vista é absoluto e o único válido está condenado a ser intolerante face a todos os outros. Esta atitude fechada leva ao desprezo dos outros, à sua discriminação, à violência e até a guerras.

O fundamentalismo não ocorre apenas nas religiões, mas em todos os campos da atividade humana onde visões de mundo, teorias e práticas são consideradas as únicas válidas para todos. Assim temos hoje o fundamentalismo técnico-científico que entende ser o tipo atual de ciência e de técnica a única forma de conhecimento e de relação adequada para com a realidade. Ou o fundamentalismo do mercado, considerado como a única expressão possível da economia. Ou o fundamentalismo da globalização neoliberal que vê este de tipo de globalização, assentado sobre o sistema financeiro, o mercado e as corporações multilaterais como o único legítimo e efetivo. Ou o fundamentalismo político, próprio do Ocidente, que pretende impor a todos os povos seu modo de organizar a sociedade (democracia delegatícia) e o Estado. O mesmo se pode constatar nas artes, na literatura, no cinema e em outras áreas do saber quando uma escola se apresenta como a portadora da única fórmula final e acabada, desqualificando as demais.

O efeito final é sempre o mesmo: a produção da discriminação, das tensões, das agressões e das guerras sejam simbólicas sejam reais entre os grupos e povos (Tarik, 2002; Dreher, 2002).

Há entretanto um tipo de fundamentalismo ancestral que está na base de muitos conflitos atuais, religiosos e políticos. É o fundamentalismo dos filhos e filhas de Abraão, judeus, cristãos e muçulmanos (Knob, 2004: 7-24).

A raiz fundamental é a crença no mito tribalista de que são "povos escolhidos" por Deus e como tais gozam de um privilégio de estarem à parte e acima de todos os demais. Para reforçar este mito apresentam o seu Livro inspirado o Primeiro Testamento para os judeus, as Sagradas Escrituras que incluem o Segundo Testamento para os cristãos e o Corão para os muçulmanos. Crê-se que esses textos sagrados contêm a verdade revelada, confiada a eles exclusivamente, mas cujos destinatários são todos os povos da Terra. Eles são escolhidos exatamente para cumprirem a missão de levar a mensagem a todos os quadrantes da Terra e converter a todos.

Esta concepção, arraigada profundamente na consciência de judeus, cristãos e muçulmanos, se funda numa questionável representação de Deus. Confundem a imagem que a tribo (daí o mito tribalista) se faz de Deus com o próprio Deus. O Deus verdadeiro cabe apenas na cabeça deles, o que é manifestamente arrogante e falso.

O próprio conceito de Deus implica que sua natureza divina desborda de qualquer limite e que jamais pode ser enquadrada na cabeça de qualquer pessoa ou de qualquer organização religiosa. Quando isso ocorre, surge o ídolo que é um falso "deus" ou uma identificação ingênua entre o que nós humanos pensamos de Deus com o próprio Deus em si. Deus é semelhante ao arco-íris: paira sobre todos os povos e os visita com sua luz e sua graça. Todos eles são "povos eleitos" coisa que alguns profetas do Primeiro Testamento já o intuíram.

Ademais, o fundamentalismo contradiz as Escrituras, comuns a judeus e a cristãos, que nos seus primeiros onze capítulos narram a história dos povos da Terra, todos tidos como povos de Deus, todos sob aliança estabelecida no ato da criação, aliança renovada após a devastação do dilúvio. Somente após, a partir do décimo segundo capítulo, se fala do "povo escolhido" em Abraão. Sua missão é de suscitar em todos os povos a lembrança imorredoura do único Deus. Portanto não é uma eleição para segregar, mas para unir na mesma memória sagrada do único Deus, Criador e Provedor de todos e Senhor da história.

Problemático não é afirmar a inspiração do Livro, mas sustentar que esta inspiração se restringe exclusivamente a *este* Livro sendo negada a todos os demais textos das outras religiões. A partir da própria natureza de Deus, Criador de todos, devemos afirmar que Ele inspira a todos para que ao lerem seus respectivos Livros sejam inspirados a viver segundo Ele.

Há que superar a visão fetichista da inspiração como se ela fosse dada para que tivéssemos em mãos um livro sagrado porque inspirado. Ele é inspirado porque inspira a viver segundo Deus. Ele não é pura e simplesmente, de forma literalista, a Palavra de Deus. Se assim fosse haveria um dicionário divino e uma gramática divina. O livro contém a Palavra de Deus testemunhada pelas muitas palavras e muitos modos de dizer diferentes em cada cultura.

Todos os povos estão sob a vigência da inspiração divina. Seus livros, sábios, mestres e profetas ajudaram e ajudam ainda hoje os povos a caminharem segundo a inspiração divina. São caminhos de santidade e de encontro com o Espírito.

Entre todas as religiões são as três religiões abraâmicas, dos judeus, dos cristãos e dos muçulmanos, as mais marcadamente fundamentalistas. Apenas seus setores mais ilustrados superam esses limites ancestrais tribalistas e se abrem, ecumenicamente, à obra do Espírito que acontece na história. A Igreja Católica, não obstante tantas reformas e *aggiornamentos* promovidos pelo Concílio Vaticano II (1962-1965), tem mostrado aqui e acolá traços fundamentalistas nos currículos oficiais de formação de seus quadros religiosos.

O fundamentalismo configura a doença crônica das religiões abraâmicas e das outras que tratam de forma absoluta suas doutrinas e caminhos espirituais, negando o pluralismo de fato e de direito, como caminhos que conduzem a Deus. Essa é a razão principal, embora não única, por que as religiões abraâmicas são as mais belicosas e guerreiras que se conhece na história. Nelas houve e há muita violência: perseguição de fiéis de outras crenças, instauração de inquisições com a condenação às fogueiras, guerras religiosas sem conta e de inaudita crueldade. A violência não está presente apenas nas instâncias de controle doutrinário e repressão. Ela vige nas mentalidades, nas tradições e na cultura. Por séculos se difundia a idéia, desapiedada e cruel, de que fazer mal e até matar inimigos da fé num dia de festa religiosa constituía uma forma digna de honrar a Deus ou o santo festejado. Quantos judeus não foram assim agarrados violentamente de seus guetos e liquidados pelo "santo" furor de cristãos.

b) O terrorismo e a conquista das mentes

O tema do fundamentalismo nos leva diretamente ao outro, que é o pesadelo dos inícios do século XXI, o terrorismo. Ele se constitui hoje a maior ameaça à presente ordem mundial e seu poder pode alcançar qualquer parte do mundo.

Há vários tipos de terrorismo. Em muitas sociedades latino-americanas como na Colômbia e no Brasil ameaçador é o terrorismo das máfias da droga. Controlam bairros inteiros e podem pôr de joelhos, por horas, partes importantes da cidade, como a do Rio de Janeiro, obrigando as lojas e as escolas fecharem suas portas ou suspendendo o transporte coletivo. As guerras entre máfias de traficantes podem produzir anualmente mais vítimas que a guerra do Afeganistão ou do Iraque.

Preocupante mesmo é o terrorismo político de grupos que cometem grandes atentados a ponto de comoverem a humanidade inteira e obrigarem potências como os Estados Unidos a mudarem sua estratégia política nacional e internacional.

Paradigmático foi o atentado terrorista de 11 de setembro de 2001 contra os Estados Unidos. Num lapso de uma hora, os símbolos maiores da ordem capitalista no nível econômico, as duas Torres Gêmeas em Nova Iorque, no nível militar o Pentágono e no nível político a Casa Branca (o avião destinado a ela foi derrubado antes) foram diretamente golpeados.

A partir de então se instalou o medo em todos os países centrais. E o medo produz fantasmas que desestabilizam as pessoas e a ordem vigente. Assim, por exemplo, um árabe, em Nova York, pede uma informação a um policial e este o prende, imaginando ser um terrorista; depois se verifica ser um simples cidadão inocente. Ou um avião sai de Houston em direção a Dallas e alguns passageiros imaginam que há homens armados a bordo. É o suficiente para ser acionado o alarme e caças de guerra F-16 escoltarem o avião de volta. Com freqüência o governo norte-americano tem assustado a nação inteira, anunciando a iminência de atentados. Embora não tenham acontecido até agora, acabam alimentando a paranóia generalizada.

Esta fenomenologia mostra a singularidade do terrorismo: a ocupação das mentes. Nas guerras e guerrilhas precisa-se ocupar o espaço físico para efetivamente triunfar. No terror não. Basta ocupar as mentes e ativar o imaginário através da ameaça de novos atentados e do medo que então se internaliza nas pessoas e nas instituições.

Os norte-americanos ocuparam fisicamente o Afeganistão dos talibãs e o Iraque de Saddan Hussein. Mas a Al Qaeda ocupou psicologicamente as mentes dos norte-americanos. Fizeram dos EUA uma nação refém do medo, do governo ao simples cidadão.

A profecia do autor intelectual dos atentados de 11 de setembro, Osama Bin Laden, feita no dia 8 de outubro de 2001, infelizmente se realizou: "Os EUA nunca mais terão segurança, nunca mais terão paz". Ocupar as mentes das pessoas, mantê-las desestabilizadas emocionalmente, obrigá-las a desconfiar de qualquer gesto, ou de pessoas estranhas, eis o que o terrorismo almeja e nisso reside sua essência.

Para alcançar seu objetivo de dominação por dentro, o terrorismo segue a seguinte estratégia:

1) os atos terroristas têm de ser espetaculares, caso contrário não causam comoção generalizada;

2) os atos terroristas, apesar de odiados, devem provocar admiração pela sagacidade empregada;

3) os atos terroristas devem sugerir que foram minuciosamente preparados;

4) os atos terroristas devem ser imprevistos para darem a impressão de serem incontroláveis;

5) os atos terroristas devem ficar no anonimato dos autores porque quanto mais suspeitos, maior o medo;

6) os atos terroristas devem provocar permanente medo;

7) os atos terroristas devem distorcer a percepção da realidade: qualquer coisa diferente pode configurar o terror. Basta ver um árabe e já se imagina um terrorista; ou um favelado mais bem vestido e já se projeta um potencial traficante.

Tentemos formalizar uma compreensão sucinta do terrorismo: consiste em todo ato de violência espetacular, praticado com o propósito de ocupar as mentes com medo e pavor.

O importante não é a violência em si, mas seu caráter espetacular, capaz de dominar as mentes e os corações de todos. É do interesse dos terroristas que se mostrem os aviões atirados contra as Torres Gêmeas, os trens retorcidos em Madri, os cadáveres estraçalhados, os muitos mortos espalhados pelo espaço, as centenas de feridos dando entrada nos hospitais, a agitação nervosa de centenas de policiais, a confusão na ordem pública e a agitação e a mobilização de todo o poder de Estado.

É importante que se entenda que o terrorismo não é um fenômeno da guerra, mas da política e do fracasso da política. Quando se acabam as possibilidades de diálogo e de troca, cria-se o espaço para a violência. O terrorismo irrompe deste impasse, carregado de ressentimento, amargura e raiva. Por isso combatê-lo militarmente como única forma de enfrentamento é cometer um erro palmar, é utilizar a mesma lógica que alimenta o clima propício ao terrorismo.

Mais importante em saber quem cometeu e comete atos de terrorismo é saber por que se recorre a ele. Recorre-se ao terrorismo quando falha a política, quando não há mais diálogo e se suspenderam as negociações. Recorre-se então a soluções de desespero e de punição. Irrompe feroz o terrorismo.

Atualmente a ameaça maior vem do terrorismo islâmico de transfundo fundamentalista. Por que exatamente do islamismo de vertente médio-oriental? Porque atrás dos atos terroristas vige muita raiva, amargura, decepção e vontade de vingança. Todos os dias as televisões árabes, especialmente a rede Al Jazira e a Al Arabiya, mostram a violência que seus irmãos árabes-palestinos sofrem sob ação feroz de governos israelenses que querem consolidar o estado de Israel, se possível expandi-lo ao tamanho que possuía no tempo do Rei Davi (mil anos antes de nossa era) e que não aceitam o surgimento de um estado palestino por medo de se tornar uma ameaça. As ações repressivas e de ocupação militar são feitas com os meios mais modernos de guerra, com grande truculência, vitimando crianças, idosos e inocentes. E além de tudo isso destroem as bases materiais e institucionais de um futuro Estado palestino. Essa estratégia conta com o apoio explícito e unilateral dos Estados Unidos e com a indiferença dos demais países ocidentais, que, resignados, assistem à matança quase diária de pessoas. Tais imagens alimentam os ancestrais preconceitos que vigoram entre os muçulmanos e os ocidentais. Desde o século VIII cristãos e muçulmanos se revezam em vitórias e derrotas. No século XIX até depois da Primeira Guerra Mundial os ocidentais ocuparam os territórios do Oriente Médio e maltrataram duramente as populações.

Acresce o fato decisivo do qual os muçulmanos-árabes têm clara consciência: eles detêm o sangue do sistema mundial de produção, comércio e tecnologia: o petróleo. Nenhum carro se desloca, nenhum avião cruza os ares, pouca coisa funciona sem o petróleo e seus derivados. E eles, detentores desta riqueza decisiva, sentem-se manipulados pelas potências ocidentais, marginalizados e desprezados com referência às decisões que definem os rumos do mundo. Ao contrário, são considerados atrasados, despóticos e fanáticos. Essa leitura preconceituosa que o Ocidente faz do mundo muçulmano é fator que alimenta a vontade de vingança. O terrorismo encontra neste caldo cultural sua matriz principal.

Talvez seja o terrorismo a "guerra" possível no mundo globalizado, já que uma guerra em sentido forte da palavra não seria mais possível, pois destruiria a espécie humana e parte da biosfera. Talvez seja o terrorismo a única "guerra" capaz de ser ganha pelos fracos e periféricos.

Como se defender contra alguém que decidiu sacrificar a própria vida e fazer de seu corpo uma bomba explosiva, capaz de ser ativada em qualquer lugar? Não há mecanismos de controle suficientes, capazes de vigiar sobre cada metro quadrado do espaço. Por isso, mantidas as condições atuais, o terrorismo parece ser invencível. Ele perdurará enquanto não prevalecer um novo tipo de relação que consiga desfazer as raivas e ódios que subjazem e alimentam o terror e insira a todos na Casa Comum, na qual todos têm direito de viver junto com as diferenças específicas que não ponham em risco o novo pacto social mundial.

5. Tolerância e diálogo inter-religioso

O diálogo inter-religioso é uma das demandas mais urgentes nesta fase planetária da humanidade. O fundamentalismo e o terrorismo atuais se enraízam profundamente em convicções religiosas. Só motivações fundadas em um sentido radical e transcendente da vida sustentam a coragem de pessoas dispostas a se sacrificarem para destruir outros, tidos como inimigos. Esse sentido é, geralmente, produzido pelas religiões. Atrás dos principais conflitos do final do século XX e dos inícios do novo milênio existe um transfundo religioso, assim na Irlanda, em Kosovo, na Kachemira, no Afeganistão e, em parte, no Iraque, onde sunitas e xiitas se enfrentam violentamente.

Não sem razão escreveu Samuel P. Huntington, um dos observadores mais atentos do processo de globalização em seu conhecido livro *O choque de civilizações*: "No mundo moderno, a religião é uma força central, talvez *a* força central que motiva e mobiliza as pessoas... O que em última análise conta para as pessoas não é a ideologia política nem o interesse econômico; mas aquilo que com que as pessoas se identificam são as convicções religiosas, a família e os credos. É por estas coisas que elas combatem e até estão dispostas a dar a sua vida" (p. 79).

Efetivamente, a despeito do processo de secularização e do eclipse do sagrado com a introdução da razão crítica a partir do Iluminismo do século XVIII, a religião sobreviveu a todos os ataques. Ao contrário, as últimas décadas têm assistido a uma volta poderosa do fator religioso e místico em todas as sociedades mundiais. Esta volta foi propiciada principalmente pelos filhos e filhas dos mestres da suspeita e da crítica devastadora da religião como Marx, Freud, Nietzsche, Popper e outros. Quer queiramos ou não, a religião é a cosmovisão comum da maioria da humanidade. Nela encontra orientação para a vida e dela deriva atitudes éticas. Bem formulou Ernst Bloch, o filósofo marxista que resgatou o sentido profundo da religião, bem sentenciou: "onde há religião, aí há esperança". E onde há esperança surgem incontáveis razões para lutar, para sonhar, para projetar utopias salvacionistas e dar sentido à vida e à história.

Então, há que se partir do fato incisivo da religião, melhor, do pluralismo religioso. Há tantas religiões quantas culturas há. Porque trabalham com um sentido último e com valores que orientam a vida, todas as religiões correm o risco permanente de fundamentalismo, de se imaginarem absolutas e as melhores. Esta atitude, como consideramos acima, está a um passo da guerra religiosa, coisa que ocorreu e ocorre com freqüência na história. As religiões precisam se auto-reconhecer, entrar em diálogo e buscar convergências mínimas que lhes permitam conviver pacificamente.

Primeiramente importa reconhecer o pluralismo religioso de fato. O fato é inegável, basta constatá-lo. A questão é se esse pluralismo pode e deve ser também de direito. Neste ponto há divergências profundas, especialmente na hierarquia da Igreja Católica e em outras igrejas cristãs e religiões. Aqui elas mal escondem laivos de arrogância e de fundamentalismo, pois julgam-se as portadoras exclusivas da revelação divina e as únicas herdeiras da gesta salvadora de Deus na história.

Mas importa defender o direito à pluralidade. Para legitimar esse direito existe uma razão interna à própria religião: nenhuma religião pode pretender enquadrar Deus nas malhas de seu discurso e de seus ritos. Se assim fosse, Deus seria apenas um pedaço do mundo, na realidade, um ídolo. Perderia totalmente sua transcendência a qualquer objetivação humana. Ele está sempre para além e sempre mais acima. Em conseqüência, há espaço para outras expressões e outras formas de celebrá-lo que não seja exclusivamente através de uma determinada religião concreta.

A própria tradição judeo-cristã possui um dado interno que pode ajudar as Igrejas a superarem sua estreiteza: os onze primeiros capítulos do Gênesis. Antes de falar de Israel como povo escolhido o Gênesis se refere aos povos da Terra, considerados todos como povos de Deus. Todos eles estão compreendidos na primeira aliança que Deus fez no ato da criação. Sobre eles todos paira o arco-íris da aliança divina renovada depois da devastação do dilúvio. O texto bíblico é incisivo, pois diz: "Quando o arco-íris estiver nas nuvens, eu o olharei como recordação da aliança eterna entre Deus e todos os seres vivos, com todas as criaturas que existem sobre a Terra" (Gn 9,16).

Só mais tarde se fala da família de Abraão, pai do povo de Israel, escolhido não para se sobrepor aos demais, mas para ser "bênção para todas as famílias da Terra" (Gn 12,3).

A teologia destes onze primeiros capítulos mantém sua permanente atualidade. Ela nos recorda que ainda hoje todos os povos são povos de Deus, todos vivem na Terra, jardim de Deus e que formam a única Família Humana composta de muitas famílias com suas tradições, culturas e religiões.

Ademais, a religião se situa dentro do processo de uma ecologia integral. Todos somos a favor da biodiversidade: quanto mais espécies de vegetais, de animais, de pássaros e de pessoas existirem, melhor é para o todo. Por que com a religião e as igrejas deve ser diferente? Quanto mais religiões e igrejas existirem mais se pode vislumbrar a riqueza de Deus e do legado de Jesus. Seria errôneo dizer: que haja apenas uma espécie de vida e esta deve ser dos escorpiões, ou uma única espécie de árvores, as araucárias. Seria um empobrecimento intolerável da biodiversidade. Por que na religião dizer: que haja uma só religião, um só credo e uma única forma de celebrar Deus? Esta concepção é errônea e se afasta da lógica geral da vida e da evolução que, quanto mais avança, mais diversidades suscita. Deve haver, pois, o direito garantido de existência da pluralidade das religiões. O que deve ser questionado não é o pluralismo religioso mas a pretensão de haver de uma única religião verdadeira.

Não vale o sofisma: se há um só Deus, deve haver uma só religião. Ora, a natureza de Deus e a natureza da religião são distintas. A natureza de Deus é o Mistério. Esse Mistério nunca pode ser captado adequadamente por uma linguagem, um símbolo ou uma doutrina. Tudo o que dissermos dele é analógico e simbólico.

A natureza da religião é o limitado, o histórico, o finito, aquilo que foi criado pela cultura humana. Conseqüentemente Deus enquanto Mistério está dentro e também para além da religião. Está *dentro* porque Ele é acenado pela linguagem e pelos símbolos. Mas está também *para além* porque sempre transcende todas as expressões porquanto esta é a sua natureza de Mistério.

Tal inadequação nos permite com razão dizer: é importante que haja muitas religiões e igrejas, para que cada uma delas possa revelar dimensões que a outra não pode expressar. Todas juntas, entretanto, acenam sinfonicamente para a Realidade Sagrada. Ao mesmo tempo, todas se calam porque se dão conta de que nenhuma linguagem pode expressar verdadeiramente Deus. Aqui vale o nobre silêncio.

Esta última reflexão nos obriga a introduzir uma distinção fundamental entre espiritualidade e religião.

Por espiritualidade entendemos o encontro com o Mistério do mundo, com o Inefável, com o Tao, com o Numinoso, com aquilo que se convencionou chamar de Deus (embora o budismo não se sinta confortável com esse nome). Esse encontro não é inventado nem imposto. Ele ocorre simplesmente como uma experiência originária. O ser humano é um ser de abertura ao outro, ao mundo e ao Inefável. Ele pura e simplesmente é um ser aberto e dialogante. Coloca questões radicais sobre sua origem e destino, sobre o sentido do universo, sobre o significado de sua vida, de seu sofrimento e de sua morte. Ele é um grito lançado ao infinito. Experimentar esta realidade perfaz aquilo que chamamos espírito. É um modo de ser, de relacionar-se, de sentir-se inserido num todo maior.

Este fenômeno da espiritualidade é um dado antropológico originário. Não é monopólio das religiões ou de algum caminho espiritual. A espiritualidade é anterior a tudo. Possui o mesmo direito de cidadania que a libido, a vontade, a inteligência e a sensibilidade. Assim como existem a *inteligência intelectual* pela qual ordenamos nossos conhecimentos racionais e científicos; a *inteligência emocional* pela qual nos mostramos seres de sentimento, de cuidado e de compaixão; existe a *inteligência espiritual* pela qual captamos, além das razões e das emoções, os contextos globais de nossa vida, totalidades significativas, valores e nossa inserção num Todo maior.

É próprio da espiritualidade captar cenários globais e se orientar por um sentido transcendental. Cientistas detectaram na biologia dos neurônios a base empírica desta inteligência espiritual. Alguns neurocientistas chegam a falar do "ponto Deus" no cérebro. Numa perspectiva evolucionária quer dizer: o universo evoluiu até um ponto de produzir um ser de inteligência que dispõe da capacidade de perceber o Mistério deste universo, Mistério que penetra e resplende em tudo. Esse "ponto Deus" representa uma vantagem evolutiva da espécie *homo*, presente em cada pessoa humana. Logicamente, Deus não está apenas presente num ponto do cérebro, mas em todo o cérebro, em todo o ser e em cada uma de suas dimensões. Mas é a partir de um ponto dos neurônios que ele se deixa perceber empiricamente (Zohar, 2002).

Esta experiência espiritual, chamada também de espiritualidade, está na base de todas as religiões e caminhos espirituais. A forma como se expressou historicamente varia consoante as culturas. As religiões são criações culturais, as mais diversas, todas elas tentativas de expressar esta experiência originária através de uma doutrina, de uma celebração, de texto sagrado e de um código de normas éticas.

As religiões valem na medida que conservam, alimentam, redizem e reatualizam a espiritualidade para cada geração e para cada pessoa. As religiões variam, são múltiplas, nascem, se desenvolvem e podem desaparecer, mas jamais desaparece a espiritualidade, pois ela é da essência do ser humano.

Os místicos intuíram esta distinção entre espiritualidade e religião quando se referem à chama sagrada que arde no coração de cada pessoa e de cada comunidade e que deve ser alimentada continuamente com os recursos que as sociedades e as religiões possuem. Se esta chama esmorecer, a religião entra em crise ou se fossiliza. Se for continuamente cultivada, ela se faz a referência maior. A partir dela se abre o espaço para um diálogo fecundo com as outras religiões que também vivem desta espiritualidade. As religiões são diferentes e muitas, mas a espiritualidade originária é comum a todas elas. É ela que permite o entendimento entre as religiões. É como a fonte profunda que alimenta os muitos rios de superfície. Todos eles irrompem de lá. É lá que os seres humanos vão beber e se dessedentar.

Os cristãos, entretanto, apresentam uma questão que pode suscitar dificuldades a esse diálogo. Eles afirmam a unicidade e singularidade de Jesus de Nazaré em quem Deus teria dito sua última e definitiva palavra para toda a humanidade. Sentem o dever de testemunhar esta positividade por fidelidade aos textos fundadores e à tradição. Por mais diálogo que haja, os demais seres humanos, no termo de tudo, seriam convidados a aderir à fé cristã. Tal é a posição dos cristãos. Aqui há evidentemente um problema. Como resolvê-lo? Tentemos uma resposta já que nós mesmos nos inserimos dentro da tradição cristã.

Cremos que a fase planetária da humanidade obriga os cristãos a ressituarem esta sua pretensão. As afirmações cristãs se inserem dentro de um sistema fechado para o qual as verdades são auto-referenciais e absolutas. Pertence à lógica dos sistemas fechados criar este tipo de consciência com formulações de valor absoluto. Diferente é a situação quando nos damos conta de que, como na natureza, os sistemas são, na verdade, sempre abertos. São momentos de um processo anterior e incomensuravelmente mais vasto.

Devemos pensar a singularidade de Jesus a partir do grande processo da evolução, da cosmogênese, da biogênese e da antropogênese. Ele representa uma emergência de todo esse incomensurável processo.

Num momento da evolução do universo, da Terra, da vida e da consciência surgiu nos seres humanos a percepção do Mistério do mundo e de sua ligação umbilical com Ele. A consciência captou Deus que estava sempre presente em cada fase e momento da evolução. Mais ainda, chegou a uma culminância pela qual o ser humano se sente filho e filha de Deus. Invoca Deus como "Abba", Pai querido e cheio de bondade. Quem nomeia Deus como Pai se sente seu filho e sua filha. Essa consciência irrompeu em Jesus de Nazaré, irmão nosso universal. Mas essa consciência pertence ao processo da evolução e à humanidade, não exclusivamente a Jesus. É a inteira humanidade que por Jesus dá um salto para dentro do Mistério do mundo. Portanto, todos os humanos são filhos e filhas de Deus, como uma etapa nova da antropogênese e da consciência humana.

O Primeiro Testamento chama Jesus de Cristo por causa desta consciência. *Cristo* não é um nome. É uma dimensão, um comportamento, um novo estado de consciência de quem se sente ligado e re-ligado a Deus. A essa pessoa se aplica o adjetivo *Cristo* que significa em grego *ungido*. Ao nome Jesus se acrescentou este adjetivo *Cristo*.

Mas importa afirmar que a dimensão *Cristo* é mais ampla que Jesus. Mas Jesus mostrou tal densidade da dimensão Cristo que as comunidades apostólicas acabaram por chamá-lo de Jesus, o Cristo, ou simplesmente de Jesus Cristo.

Entretanto, repetimos, importa não reduzir Cristo a Jesus. A dimensão Cristo é mais vasta e se realizou sempre na humanidade. Ganhou corpo nos grandes místicos, sábios e mestres de todas as tradições quando intuíram que o termo da caminhada espiritual é o mergulho na suprema Realidade, numa experiência de não-dualidade. O seguidor do Tao penetra numa união inefável com ele. O seguidor de Jesus como São João da Cruz testemunha: no fim de tudo seremos Deus, por participação.

Não é esta verdade radical que os cristãos querem expressar quando se referem à encarnação e à filiação divina?

Os cristãos não precisam, pois, rebaixar e até romper com outros para afirmar a singularidade de seu caminho. Eles estão no mesmo grande caminho da humanidade na direção do Mistério abissal que a todos insere.

Algumas fontes cristãs apontam esta universalização quando afirmam que o Verbo estava no princípio, era Deus e que ilumina cada pessoa que vem a este mundo (Jo 1,1s); ou "que o Cristo é tudo em todas as coisas" (Cl 3,11); e "é a cabeça de todas as coisas" (Ef 1,10). Quer dizer, o Cristo está ligado ao mistério da criação e assim atinge a todos os seres e a cada pessoa que irromper na evolução, inclusive Jesus, o Nazareno.

Se tal é a importância das religiões na configuração da humanidade concreta, então entendemos e assumimos a tese fundamental do teólogo alemão Hans Küng, estudioso das religiões na fase planetária:

"Não haverá paz entre as nações se não existir paz entre as religiões. Não haverá paz entre as religiões, se não existir diálogo entre as religiões. Não haverá diálogo entre as religiões, se não existirem padrões éticos globais. Nosso planeta não irá sobreviver, se não houver um *ethos* mundial, uma ética para o mundo inteiro" (Küng, 2004: 280; Boff, 2003).

O diálogo entre as religiões não pode começar pela discussão das doutrinas, mas pela conscientização da espiritualidade que une a todos. E isso começa principalmente pela oração. Rezar é mergulhar na espiritualidade. Aí as pessoas começam a se conhecer, a descobrir a bondade de um e de outro, a piedade, a reverência e a busca sincera de "Deus". As doutrinas ficam relativizadas em nome da vida concreta, inspirada por esta busca religiosa. Logicamente, tudo o que é sadio pode ficar doente. Todas as religiões, embora sadias, podem incorrer em desvios, em endurecimentos e em atitudes fundamentalistas de alguns. Aqui há um vasto campo de recíproca crítica e de processos de purificação. Assim como a doença remete à saúde, de forma semelhante os desvios remetem à essência verdadeira da religião. Deste diálogo orante nascem os pontos de convergência que fundam a paz possível entre as religiões, uma das bases para a paz política mundial.

Efetivamente chegou-se a estabelecer os pontos comuns em favor da paz elencados ainda em 1970 na Conferência Mundial das Religiões em Kyoto. Esses pontos convergentes foram assim formulados:

1) Há uma unidade fundamental da família humana em igualdade e dignidade de todos os seus membros.

2) Cada ser humano é sagrado e intocável, especialmente em sua consciência.

3) Toda comunidade humana representa um valor.

4) O poder não pode ser igualado ao direito. O poder jamais se basta a si mesmo, não é jamais absoluto e deve ser limitado pelo direito e pelo controle da comunidade.

5) A fé, o amor, a compaixão, o altruísmo, a força do espírito e a veracidade interior são, em última instância, muito superiores ao ódio, à inimizade e ao egoísmo.

6) Deve-se estar, por obrigação, do lado dos pobres e dos oprimidos e contra seus opressores.

7) Alimentamos profunda esperança de que no final a boa vontade triunfará.

Como se vê, esse diálogo não se exaure em si mesmo. Ele se ordena a algo maior: à paz entre os povos, à paz com a Terra, à paz com os ecossistemas, à paz do ser humano consigo mesmo e à paz com a Fonte originária de onde veio e para onde vai.

A tolerância ativa entre as religiões significa, portanto, a convivência pacífica e alegre entre as mais diversas religiões que vêem em sua diversidade uma riqueza do único e mesmo Mistério fontal.

BIBLIOGRAFIA

Armstrong, J. (2001). *Em nome de Deus*. São Paulo: Companhia das Letras.

Bartholo Jr., R. (2001). *Você e eu*. Martin Buber, presença e palavra. Rio de Janeiro: Garamond.

Basset, J.-C. (1996). *Le dialogue interreligieux*: histoire et avenir. Paris: Cerf.

Bergmann, S. (2000). So fremd das Gleiche, em *Das Antlizt des "Anderen"*. Emmanuel Levinas' Philosophie und Hermeneutik an Ethikt, Theologie und interreligiöser Dialog. Rehburg-Locccum: Fritsch-Oppermann: 57-97.

Bobbio, N. (2002). As razões da tolerância, em *A era dos extremos*. Rio de Janeiro: Campus: 203-217.

Boff, L. (2001). *Espiritualidade, caminho de realização*. Rio de Janeiro: Sextante.

— (2003). *Experimentar Deus*. A transparência de todas as coisas. Campinas: Verus.

Borne, E. (1985). Tolleranza religiosa, em *Grande Dizionario delle Religioni*. Assis: Cittadella Editrice/Piemme: 2148-2150.

Depuis, J. (1999). *Rumo a uma teologia cristã do pluralismo religioso*. São Paulo: Paulinas.

Firpo, M. (1978). *Il problema della tolleranza religiosa nell'età moderna*. Turim: Loerscher.

Freire, P. (2005). *Pedagogia da tolerância*. São Paulo: Unesp.

Hick, J. (2000). *A metáfora do Deus encarnado*. Petrópolis: Vozes.

Knitter, P. (1985). *No Other Name?* New York: Orbis Books.

— (1987). *The Myth of Christian Uniqueness.* Toward a Pluralistic Theology of Religion. New York: Orbis Books.

— (2001). Hacia una teología de la liberación de las religiones, em *Pluralismos y teologías en diálogo.* Manágua: Lascasiana: 37-64.

Küng, H. (2004). *Religiões do mundo.* Em busca dos pontos comuns. Campinas: Verus.

Leclerq, J. (1955). *Histoire de la tolérance au siècle de la Réforme.* 2 vol. Paris: Aubier.

Locke, J. (1685). *Epistola de tolerantia* [quando estava no exílio na Holanda].

O'Leary, J. (1994). *La vérité chrétienne à l'âge du pluralisme religieux.* Paris: Cerf.

Panikkar, R. (1999). *The Intra-religious Dialogue.* New York: Paulist Press.

Passet, R. & Liberman, P. (2002). *Mondialisation financière et terrorisme.* Paris: Enjeux Planète.

Pieris, P. (2001). *Liberación, inculturación, diálogo religioso.* Un nuevo paradigma desde Asia. Estella: Verbo Divino.

Seoane, J. & Taddei, E. (2001). *Resistências mundiais de Seattle a Porto Alegre.* Petrópolis: Vozes.

Tarik, A. (2002). *Confronto de fundamentalismos.* São Paulo: Record.

Teixeira, F. (1995). *Teologia das religiões.* São Paulo: Paulinas.

Unesco (1974). *La tolérance.* Paris.

Vários (2001). *Pluralismo y teologías en diálogo.* Manágua: Lascasiana.

— (2004). *La teología ante el pluralismo religioso.* Manágua: Lascasiana.

Vigil, J.M. (2004). Macroecumenismo: teología de las religiones latinoamericanas, em *La teología ante el pluralismo religioso.* Manágua: Lascasiana: 109-126.

— (2005). *Teología del pluralismo religioso.* Curso sistemático de teología popular. Quito: Abya-Yala.

Voltaire, F. (1763). *Traité sur la tolérance* [s.n.t.].

Zohar, D. (2004). *QS, a inteligência espiritual.* Rio de Janeiro: Record.

Conclusão

Ao termo de nossas reflexões deve ter ficado claro a decisiva importância das virtudes da Convivência, do Respeito e da Tolerância para a coexistência pacífica entre as tribos da Terra que depois de milhões de anos de exílio se reencontram definitivamente.

Existir é sempre co-existir, viver é sempre con-viver. Coexistir e conviver exigem, como primeira atitude, o respeito pelo outro enquanto outro, diferente de mim. É esta distância inicial que permite a proximidade enriquecedora, a troca das complementaridades e também a relativização da própria posição.

No encontro entre os muitos outros aparecem também as diferenças. Estas nem sempre são, de imediato, compreensíveis. Às vezes causam estranheza e sentimento de rejeição. É então que entra a tolerância como o esforço de conviver apesar de, de autolimitar-se em razão do outro que tem direito de existir assim como é.

Grande parte dos conflitos mundiais se deve à falta de respeito e de tolerância das diferenças. A convivência resulta de um aprendizado oneroso. O resultado final é um crescimento para cima e para frente, uma convergência na diversidade. Desta vez, nesta nova fase da história humana planetária, ou aprendemos a conviver, a respeitar uns e outros e a tolerar o que nos parece inaceitável ou então enfrentaremos dilacerações e conflitos como jamais antes. Só que agora todos serão vítimas, dada a interdependência de todos com todos. Vítima será também a Terra como Gaia, superorganismo vivo, cuja vulnerabilidade exige especial cuidado de todos.

O efeito final destas virtudes, vividas articuladamente, é a paz. Na inigualável definição da *Carta da Terra* que nos permitimos repetir, "a paz é a plenitude que resulta das corretas relações consigo mesmo, com outras pessoas, com outras culturas, com outras vidas, com a Terra e com o Todo maior do qual somos parte".

Esta paz compartilhada representa o anseio maior da humanidade atual, cansada de tantos conflitos, guerras e dizimações que turvam a linha do horizonte de onde emerge a esperança de que não é fatal que sempre seja assim, mas que a história poderá ser outra, bem mais humana, feliz e digna de celebração.